U0549492

工作家庭冲突的前因机制：
社会认知的视角

于 坤 著

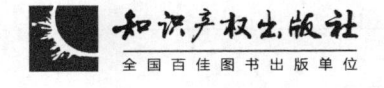

图书在版编目（CIP）数据

工作家庭冲突的前因机制：社会认知的视角/于坤著. —北京：知识产权出版社，2018.5
ISBN 978 - 7 - 5130 - 5553 - 6

Ⅰ.①工… Ⅱ.①于… Ⅲ.①家庭社会学—研究 Ⅳ.①C913.11

中国版本图书馆 CIP 数据核字（2018）第 094634 号

责任编辑：常玉轩　　　　　　　　责任校对：王　岩
装帧设计：陶建胜　　　　　　　　责任出版：刘译文

工作家庭冲突的前因机制：社会认知的视角
于　坤　著

出版发行：知识产权出版社有限责任公司	网　　址：http://www.ipph.cn
社　　址：北京市海淀区气象路50号院	邮　　编：100081
责编电话：010 - 82000860 转 8572	责编邮箱：changyuxuan08@163.com
发行电话：010 - 82000860 转 8101/8102	发行传真：010 - 82000893/82005070/82000270
印　　刷：北京九州迅驰传媒文化有限公司	经　　销：各大网上书店、新华书店及相关专业书店
开　　本：787mm×1092mm　1/16	印　　张：11
版　　次：2018年5月第1版	印　　次：2018年5月第1次印刷
字　　数：178千字	定　　价：48.00元

ISBN 978-7-5130-5553-6

出版权专有　侵权必究
如有印装质量问题，本社负责调换。

本书系国家自然科学基金青年项目（项目批准号：71702184）的阶段性成果。

目 录

绪 论 (1)
第一章 文献回顾与问题提出 (6)
  1.1 工作家庭冲突 (6)
    1.1.1 工作家庭冲突的特征 (8)
    1.1.2 工作家庭冲突的理论 (13)
    1.1.3 工作家庭冲突的测量 (15)
    1.1.4 工作家庭冲突的结果与影响因素 (19)
  1.2 社会认知理论 (23)
    1.2.1 社会学习理论 (24)
    1.2.2 社会认知视角下的个体与环境交互作用 (26)
第二章 环境因素：工作日程控制与工作家庭冲突的关系研究 (30)
  2.1 文献综述 (30)
    2.1.1 工作日程控制 (30)
    2.1.2 家庭时间充裕度 (34)
    2.1.3 情绪耗竭 (36)
  2.2 问题提出与研究假设 (42)
    2.2.1 问题提出 (42)
    2.2.2 工作日程控制，情绪耗竭与工作家庭冲突：一个双向中介 (43)
    2.2.3 工作日程控制、情绪耗竭与工作家庭冲突关系中家庭时间充裕度的调节作用 (45)

2.3　方法 　　　　　　　　　　　　　　　　　　　　　　　（46）
　　　　2.3.1　研究样本与研究程序 　　　　　　　　　　　　　（47）
　　　　2.3.2　测量 　　　　　　　　　　　　　　　　　　　　（47）
　　2.4　结果 　　　　　　　　　　　　　　　　　　　　　　　（48）
　　　　2.4.1　初步分析 　　　　　　　　　　　　　　　　　　（48）
　　　　2.4.2　区分效度检验 　　　　　　　　　　　　　　　　（49）
　　　　2.4.3　假设检验 　　　　　　　　　　　　　　　　　　（50）
第三章　行为因素：组织公民行为与工作家庭冲突的关系研究 　　（56）
　　3.1　文献综述 　　　　　　　　　　　　　　　　　　　　　（56）
　　　　3.1.1　组织公民行为 　　　　　　　　　　　　　　　　（56）
　　　　3.1.2　压力 　　　　　　　　　　　　　　　　　　　　（69）
　　　　3.1.3　工作满意度 　　　　　　　　　　　　　　　　　（76）
　　3.2　问题提出与研究假设 　　　　　　　　　　　　　　　　（78）
　　　　3.2.1　问题提出 　　　　　　　　　　　　　　　　　　（78）
　　　　3.2.2　组织公民行为与工作家庭冲突：工作满意度的中介作用 　（79）
　　　　3.2.3　组织公民行为与工作满意度：压力感的调节作用 　（80）
　　3.3　方法 　　　　　　　　　　　　　　　　　　　　　　　（80）
　　　　3.3.1　研究样本与研究程序 　　　　　　　　　　　　　（81）
　　　　3.3.2　测量 　　　　　　　　　　　　　　　　　　　　（81）
　　3.4　结果 　　　　　　　　　　　　　　　　　　　　　　　（82）
　　　　3.4.1　初步分析 　　　　　　　　　　　　　　　　　　（82）
　　　　3.4.2　区分效度检验 　　　　　　　　　　　　　　　　（83）
　　　　3.4.3　假设检验 　　　　　　　　　　　　　　　　　　（85）
第四章　认知因素：核心自我评价与工作家庭冲突的关系研究 　　（88）
　　4.1　文献综述与问题提出 　　　　　　　　　　　　　　　　（88）
　　　　4.1.1　核心自我评价 　　　　　　　　　　　　　　　　（88）
　　　　4.1.2　职业韧性 　　　　　　　　　　　　　　　　　　（94）
　　4.2　问题提出与研究假设 　　　　　　　　　　　　　　　 （101）
　　　　4.2.1　问题提出 　　　　　　　　　　　　　　　　　 （101）

4.2.2 工作压力在核心自我评价与工作家庭冲突之间的中介作用 (102)
4.2.3 职业韧性在核心自我评价与工作家庭冲突之间的中介作用 (103)
4.3 方法 (104)
4.3.1 样本与程序 (105)
4.3.2 测量 (105)
4.4 结果 (107)
4.4.1 测量模型检验 (109)
4.4.2 双通道中介模型检验 (109)

第五章 讨论 (112)
5.1 研究结果总述 (112)
5.2 理论贡献 (113)
5.3 实践贡献 (117)
5.4 不足与未来研究展望 (118)
5.5 结论 (120)

参考文献 (121)

绪　　论

　　工作与家庭是对人类最为重要的两个人生领域（Andrews & Withey, 1976）。如何平衡工作与家庭，是个体职业发展过程中所要面对的重要问题之一。基于个人资源的有限性假设（Grawitch, Barber, & Justice, 2010），工作与家庭领域对有限的个体资源很容易形成竞争关系。如果个体在工作领域的角色与家庭领域的角色互不兼容，因此而导致的角色间冲突就称为工作家庭冲突（Greenhaus & Beutell, 1985）。工作家庭冲突被认为是一种双向的概念，包括了工作至家庭冲突和家庭至工作冲突（Frone et al., 1992）。因为工作至家庭冲突给家庭带来的影响要比家庭至工作冲突给工作带来的影响更大（Frone, 2003；Frone, Russell, & Cooper, 1992b），研究工作如何影响家庭就成为工作家庭领域中最主要的议题（Greenhaus & Beutell, 1985），也得到研究者最多的关注（Frone et al., 1992b）。工作家庭冲突给个体和组织都会带来严重的不良后果，包括更低的幸福感（Diener & Ryan, 2008）与更低的工作满意度（Bacharach, Bamberger, & Conley, 1991；Bedeian, Burke, & Moffett, 1988）、更高的抑郁（Frone et al., 1992a）与情绪耗竭水平（Pleck et al., 1980），更多的缺勤（Goff, Mount, & Jamison, 2006）以及更高的离职倾向（Nohe & Sonntag, 2014）等。

　　因为工作家庭冲突给组织及个人带来的负面影响，过去几十年来，越来越多的研究者开始关注是哪些因素导致了工作家庭冲突，特别是工作至家庭的冲突（Eby, Casper, Lockwood, Bordeaux, & Brinley, 2005）。一些情景因素，比如工作压力源（Frone et al., 1992a；Goh, Ilies, & Wilson, 2015）、社会支持（Carlson & Perrewé, 1999；Nielson, Carlson, & Lankau, 2001），以及一些个人因素，比如个人主动性（Bolino & Turnley, 2005）与控制源（Andreassi &

Thompson，2007）等都被发现与工作家庭冲突相关。然而，虽然现有研究已经对工作家庭冲突保持了相当高的关注度，并取得了一定的研究进展，但是工作家庭冲突的前因机制依然没有被真正揭开。基于社会认知理论（Bandura，2001；Wood & Bandura，1989）来对工作家庭冲突的前因机制研究进行梳理，笔者发现已有研究在深度和系统性上仍然存在着较为明显的不足。

社会认知理论为研究者们提供了一个系统的框架来解释人类的心理与行为机制。社会认知理论描述了个体的认知特征、行为特征与环境特征三个元素之间的动态关系（Bandura，2001）。社会认知理论关注个体如何通过主动的自我组织、自我调节与自我反省来塑造其生活的环境，而不是简单地被环境塑造（Bandura，2001）。然而，在目前大部分应用社会认知理论的研究中，影响的方向都是从环境特征到个体特征，或者环境特征到个体行为。而相反的方向，即个体特征到环境特征，或者行为特征到环境特征都相对较少。这意味着，采用能动视角去看待个体的认知与行为对环境的塑造作用的研究目前尚不足够。在工作家庭冲突的研究领域，这个状况更为明显。

首先，虽然组织公民行为对个人与组织的影响已经在组织中被广泛地研究（Bolino & Turnley，2005），但依然很少有研究去考察组织公民行为对个体与家庭领域的相关结果（如工作家庭冲突）的影响。这是一个非常重要的理论缺失，尤其在当下双收入家庭越来越多、工作时间不断延长的大背景下（Greenhaus，Callanan，& Godshalk，2009），我们非常有必要去理解人们在现代社会中如何在不同的人生领域中去权衡，并管理好工作与家庭间的界限（Michel, Kotrba, Mitchelson, Clark, & Baltes, 2011；Perlow，1998；ten Brummelhuis & Bakker，2012）。此外，组织公民行为除了已经被发现在组织中扮演积极的角色之外，还可能扮演消极角色（Koopman, Lanaj, & Scott, 2016）。因此，组织公民行为对工作家庭冲突的影响值得更进一步的探索。

其次，尽管组织已经采取了多样化的策略，如弹性工作制等更多工作日程上的自由度，来给予员工在工作上更多的控制感，以期待帮助员工更好地平衡好他们的工作与家庭，降低工作家庭冲突（Glass & Fujimoto，1995；Thomas & Ganster，1995），然而这种实践的理论基础尚未完善，证据尚不够全面。例如，工作日程控制，一个体现了个体所拥有在工作上花多少时间以及在哪里工作的自由度和灵活性的概念（Thomas & Ganster, 1995），至今仍很少在组织中被研究（Kelly & Moen, 2007），尤其是相比于其他常见类型的工作控制感，如决策权威性和技能自主性等而言（Karasek, 1979b; Van der Doef & Maes, 1999）。缺乏这种研究导致的结果就是，至今工作日程控制与一些重要的组织结果变量如情绪耗竭等之间的关系仍然不够清楚。而在工作领域之外，虽然有一些横断的研究对日程控制和工作家庭冲突的关系提供了初步的证据（Beutell, 2010; Hughes & Parkes, 2007; Lapierre & Allen, 2012），然而，员工的工作日程控制如何影响工作家庭冲突、这个影响又和情绪耗竭有什么关系还远远没有被研究清楚。这是一个重要的理论和实践上的缺失。因为一般的工作控制都在探索"如何"去做工作，而日程控制则更加关心"何时"与"在哪里"工作。除了工作方式之外，工作时间和地点等场景因素对组织结果以及工作家庭关系的影响同样值得深入探讨。

最后，虽然 Greenhaus and Beutell（1985）从理论上把工作家庭冲突分为三个维度，分别是基于时间的冲突，即工作角色与家庭角色在时间上的不兼容；基于压力的冲突，即一个角色的压力感影响了另一个角色的表现；以及基于行为的冲突，即一个角色的角色内行为与另一个角色的期望不符合；但绝大部分研究在考察工作家庭冲突时，考察的其实是基于时间的冲突和基于压力的冲突（O'Driscoll, Brough, & Kalliath, 2005）。相反，针对基于行为的工作家庭冲突的研究在文献中非常少见（Dierdorff & Ellington, 2008）。此外，针对近年来得到越来越多关注的认知因素——核心自我评价（Judge, 2009），至今为止很少有研究考察过其与工作家庭冲突之间的关系。仅有的例外是一些横截面研究（e.g., Boyar & Mosley, 2007; Haines, Harvey, Durand, & Marchand, 2013），且把工作家庭冲突当作一个单一维度的结果变量，从而使得核心自我评价如何影响三个维度的工作家庭冲突这个问题无法得到回答。

为了解决上述问题，笔者即以工作与家庭之间的冲突为因变量，以个体的个人特征、个体行为为能动因素，探讨个体认知与行为如何影响其身处的环境。此外，因为社会认知理论同时存在着中介作用，如个体认知通过影响个体行为来影响环境、环境通过影响个体认知来影响个体行为等，笔者同样认为，环境特征也可以通过影响个体的认知和行为，从而对其他环境特征产生间接的影响。基于此，笔者根据社会认知理论的框架，考察了工作家庭冲突在行为、环境与认知三个方面的影响因素，包括组织公民行为、工作日程控制以及核心自我评价。此外，笔者还考察了这三个方面的影响因素与工作家庭冲突关系的内在机制和可能的边界条件。

在研究1中，笔者首先考察了环境因素如何与其他环境因素交互作用，并通过认知因素来影响工作家庭冲突。具体地，笔者基于资源视角（Grzywacz & Marks, 2000; ten Brummelhuis & Bakker, 2012）和工作要求－资源模型（Bakker & Demerouti, 2007），构建了一个双向的中介模型，联结起工作日程控制、工作家庭冲突与情绪耗竭。首先，笔者预期工作日程控制将通过工作家庭冲突来影响情绪耗竭。反过来，笔者还预期工作日程控制也通过情绪耗竭来影响工作家庭冲突。在此基础上，个体所拥有的家庭时间充裕度将在工作日程控制与情绪耗竭的关系间起到调节作用。所谓家庭时间充裕度，即个体可以用于家庭领域角色的时间（Van Horn, Bellis, & Snyder, 2001）。笔者预期，在高水平的家庭时间充裕度下，高水平的工作日程控制对个体认知与环境的影响效应才更明显，带来更低水平的情绪耗竭与更低水平的工作家庭冲突。接着，在第2个研究中，笔者考察了行为因素与环境因素如何交互作用，并通过认知因素来影响工作家庭冲突。具体地，基于社会交换理论（Blau, 1964），笔者构建了一个中介模型，通过工作满意度将组织公民行为与工作家庭冲突连接起来，并考察了压力感在这个关系中的调节作用。首先，笔者预期工作满意度会中介组织公民行为与工作家庭冲突之间的关系。此外，个体知觉到的压力将调节组织公民行为与工作满意度之间的关系。在高水平的压力感下，组织公民行为与工作满意度之间的正相关将被弱化。

最后，在研究3中，笔者考察了认知因素如何通过其他的认知因素来分别影响三个维度的工作家庭冲突。具体地，笔者发展与检验了一个核心自我评价与基于时间、基于压力和基于行为的三个维度的工作家庭冲突关系的双通道中介模型。首先，资源分配理论（Becker, 1965; Bergeron, 2007）认为，个体所拥有的有限的个人资源，如时间和能量等，会限制个体同时完成多项任务的潜力。笔者据此提出，工作压力会中介核心自我评价与基于时间、基于压力的工作家庭冲突之间的负相关，同时中介核心自我评价与基于行为的工作家庭冲突之间的正相关。具体地，笔者预期核心自我评价与工作压力之间呈负相关关系，而工作压力将与基于时间和基于压力的工作家庭冲突呈正相关，而与基于行为的工作家庭冲突呈负相关。其次，基于角色理论（Katz & Kahn, 1978），每个工作角色都有其特定的角色内行为。而职业韧性，作为职业动机的一个维度，体现出个体对于职业目标的坚持性以及对不利职业环境的抗性。笔者据此假设，职业韧性将会中介核心自我评价与基于行为的工作家庭冲突之间的关系。此外，基于资源分配理论（Becker, 1965；Bergeron, 2007），笔者还假设职业韧性将会中介核心自我评价与基于时间的和基于压力的工作家庭冲突之前的关系。具体地，笔者假设核心自我评价与职业韧性之间呈正相关关系，而职业韧性将与三种工作家庭冲突之间都呈正向关系。

　　总之，通过上述三方面的研究，在社会认知理论的框架下，我们期望可以发现认知因素、行为因素以及环境因素彼此互相作用影响工作家庭冲突的内在机制。具体地，我们关注个体的核心自我评价、组织公民行为以及与工作日程控制对工作家庭冲突的影响，以及工作满意度、情绪耗竭、工作压力、职业韧性在上述认知、行为、环境因素与工作家庭冲突关系中所起到的连接作用。通过上述探讨，笔者期望可以对工作家庭冲突研究的深度和系统性起到丰富作用。

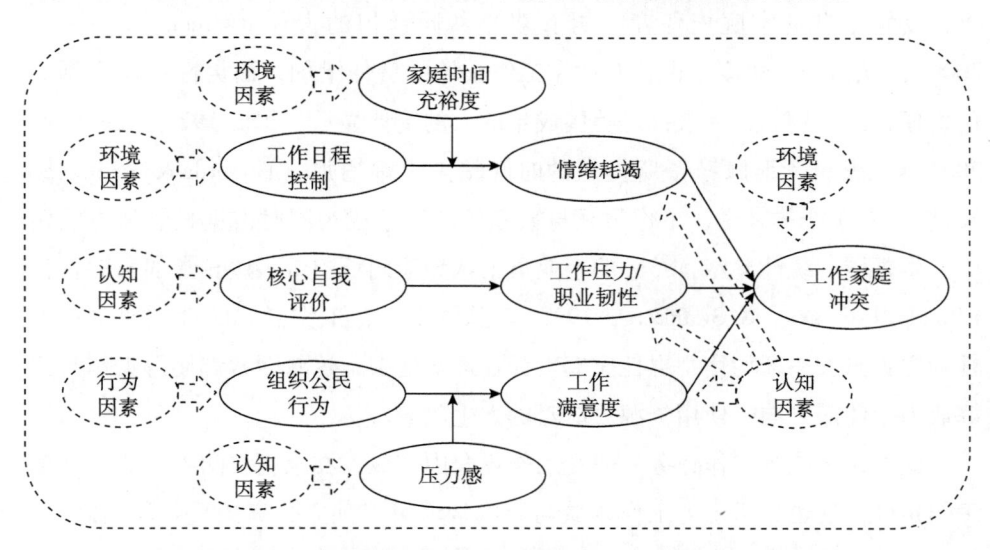

图1　社会认知理论框架下工作日程控制、组织公民行为与核心自我评价与工作家庭冲突的关系模型

第一章 文献回顾与问题提出

1.1 工作家庭冲突

传统的研究者将工作领域与家庭领域当作两个独立的领域。例如，组织心理学家们仅关注工作领域，而家庭治疗师则仅关注家庭领域（Zedeck & Mosier, 1990）。20 世纪 70 年代后，西方组织中劳动力的构成发生了巨大的变化。根据美国统计署的报告，1970 年时只有 41% 的 16 岁以上已婚女性参加工作，而到了 2000 年，这个比例变为 61%（US Census Bureau, 2001）。女性参与工作比例的大幅上升带来的结果便是双收入家庭的显著增多。这就使得传统上由女性专有的家庭责任变为男女双方共同承担的责任（Greenhaus et al., 2009）。从另一个角度来说，女性在工作领域的责任增加，而男性在家庭领域的责任增加。例如，一项针对美国成年的人的统计显示，相比 1970 年的父母，2001 年的父母为照顾孩子所投入的时间精力大幅增加（Hofferth & Sandberg, 2001）。对于个体来说，工作领域与家庭领域逐渐成为同时占据显著地位的两个人生领域。统计显示，85% 的企业员工认为他们承担着一些日常的家庭责任（Bond, Galinsky, & Swanberg, 1997）。总体来说，工作群体的性别比例从男性为主到男女逐渐均衡，男性家庭责任在逐渐增多，这些因素都使得工作与家庭成为个体需要同时使用资源去应对的人生领域。

此外，传统的工作任务一般在工作场合内完成，在家庭空间中一般不具备工作条件。这也是历史上工作领域与家庭领域可以独立分离的重要原因之一。然而，随着近几十年来技术的进步，移动电话、笔记本电脑等成为大量职场人士在工作中的必备工具。因为这些新技术的大量应用，工作在时间、地点和形式上变得更加灵活。以往与工作任务相对隔离的家庭领域也成为工作的可选环境。换句话说，新技术的应用使得工作与家庭之间的界限越来越模糊，工作时间、空间以及家庭时间、空间的区分越来越不明显（O'Driscoll et al., 2005）。

上述两种条件，即双收入家庭的增加以及技术的进步，都带来了工作与家庭两个领域之间更加频繁和深入的互动。工作与家庭交互作为一个越来越显著的社会现象，也相应带来了研究的需求。研究者们开始意识到，针对研究而言，工作领域与家庭领域不能再是"分隔的世界"（Kanter, 1977），而应该在一个整合的框架下进行研究（Kanter, 1977）。此后，越来越多的学者投身于工作与家庭关系的研究中（Eby et al., 2005）。

对于工作与家庭的关系，首要的研究问题即是如何帮助个体将其时间与精力有效地分配到工作与家庭领域中，以促进工作与家庭的平衡（Frone, 2003）。然而，首先，个体的时间精力等资源都是有限的（Schmeichel & Baumeister, 2004）。满足一个领域的资源要求后，另一个领域的资源要求可能就无法很好地满足。换句话说，以个体有限的资源可能无法同时满足工作与家庭领域的资源需求。其次，个体在每个领域的角色期待可能也不相同或者不兼容。例如，领导或同事对个体在工作场合中的行为期望与家人在家庭场合中对个体的行为期望并不一定相同或兼容。最后，一个领域中产生的负面结果，如压力感，还可能"溢出"到另一个领域，从而带来另一个领域的负面结果。以上三个方面的问题显现出来，工作家庭冲突就产生了。具体地，工作家庭冲突被定义为是一种工作与家庭领域的角色压力互相不兼容的状态导致的角色间冲突；是一个人生角色的时间、精力与行为要求使得个体无法满足另一个人生角色的时间、精力与行为要求时产生的冲突（Greenhaus & Beutell, 1985）。

美国劳动部委托密歇根大学调查中心在1980年进行了一项大型调查，首次大规模地在职业人群中调查了工作家庭冲突的状况。调查结果显示，超过10%的受访者认为工作家庭冲突在其身上非常严重，还有15%左右的受访者认为工作家庭冲突在一定程度上存在。也就是说，超过四分之一的受访者经历了从一般至重度的工作家庭冲突。其中，已经为人父母的人群工作家庭冲突尤为严重（Pleck et al., 1980）。

因为工作家庭冲突的普遍性，在工作与家庭关系的诸多细分研究领域中，工作家庭冲突是迄今为止得到最多关注的一个（Greenhaus & Beutell, 1985）。目前学者们已经从社会学（Fredriksen & Scharlach, 1999）、教育学（Roditti, 1997）、心理学（Beutell & Wittig-Berman, 1999; Kossek & Ozeki, 1998）、管理学（Carlson & Perrewé, 1999）等不同角度来对工作家庭冲突进行研究。在组织行为与人力资源管理领域，工作家庭冲突更是最为重要的研究话题之一（Kossek & Ozeki, 1998）。其中最主要的研究取向是探讨工作家庭冲突的特征、后果以及影响因素（Bacharach et al., 1991; Bedeian et al., 1988; Kopelman, Greenhaus, & Connolly, 1983）。

1.1.1 工作家庭冲突的特征

近年来，研究者们发展出了一系列模型来探索工作家庭冲突的特征。这些模型包括但不限于对工作家庭冲突定义、成分的探索等（Carlson & Kacmar, 2000）。最早的工作家庭冲突的定义来自角色理论（Role theory），特别是结构-功能主义的角色理论（Marshall, Chadwick, & Marshall, 1991）。根据角色理论，工作家庭冲突是角色冲突的一种。所谓角色冲突，指的是个体归属于一个组织内的角色压力与个体归属于另一个组织的角色压力之间的冲突（Kahn, Wolfe, Quinn, Snoek, & Rosenthal, 1964）。角色理论划定了两个重要前提，首先，工作领域与家庭领域是两个独立的人类行为领域，有着各自角色的要求。其次，人类可用于满足不同角色要求的个体资源是有限的。在这两个前提的基础上，角色理论提出了工作与家庭两个领域交互的一个重要假设，即工作领域与家庭领域的角色为了满足自己的角色要求，在竞争个体的有限资源，包括时间、物理与心理资源（Greenhaus & Beutell, 1985）等。这个假设有三个特征，分别代表工作家庭冲突的三种类型，即基于时间的工作家庭冲突、基于压力的工作家庭冲突，以及基于行为的工作家庭冲突。

首先，因为个人资源有限，如果个体为了满足一个人生领域的角色要求消耗了过量的资源，那么在另一个人生领域中就可能出现资源不足以满足角色要求的状况，从而影响另一个领域的个体行为表现。例如，因为工作占据了个体太多的时间，以致个体没有足够时间用于家庭生活，从而导致家庭中出现负面结果。这种冲突现象可以称为"资源冲突"（Greenhaus & Beutell, 1985）。其次，虽然工作领域与家庭领域相对独立，但因为个体可以横跨这两个领域，个体可能将一个领域产生的负面结果带到另一个领域，从而产生"溢出"效应（spill-over effect）。例如，工作领域产生的压力感溢出到了家庭领域，导致家庭领域的负面结果。这种冲突现象可以称为"溢出冲突"（Greenhaus & Beutell, 1985）。最后，工作领域与家庭领域有着不同的典型行为模式，或者说，工作领域与家庭领域对个体有着不同的角色内行为期望。个体如果同时在两个领域活动，就可能出现因为典型行为不兼容，或者行为不符合期望，从而造成角色冲突。例如，在工作领域中，组织期望作为管理者的个人出现诸如果断、坚定、有威信等特征。而在家庭领域中，家庭则期望作为成员的个人出现诸如关怀、妥协、温柔等特征。个体在工作领域中表现出组织期望的行为特征，可能并不符合家庭的期望。如果个体将组织期望的行为特征带回家，就可能导致工作家庭冲突，而影响家庭和谐。这种冲突现象可以称为"行为冲突"（Greenhaus & Beutell, 1985）。严格来说，虽然 Greenhaus 与 Beutell（1985）提出了三种工作家庭冲突的类型，其对工作家庭冲突的定义其实是基于行为冲突的定义。

从方向的角度，工作家庭冲突还可以分为两种类型，分别是工作至家庭冲突（Work to family conflict, WIF），以及家庭至工作冲突（Family to work conflict, FIW; Frone et al., 1992a）。工作至家庭冲突即为从工作领域发端而影响家庭领域的冲突；而家庭至工作冲突则刚好相反，是从家庭领域发端而影响工作领域的冲突。Gutek 等进一步认为，应该结合 Greenhaus 与 Betuell 对工作家庭冲突的三维度划分，以及工作家庭冲突的两个方向，把工作家庭冲突细化分为六个子类型，包括工作至家庭的时间冲突；家庭至工作的时间冲突；工作至家庭的压力冲突；家庭至工作的压力冲突；工作至家庭的行为冲突；家庭至工作的行为冲突（Gutek, Searle, & Klepa, 1991）。一方面，工作至家庭冲突可以具体分为三种冲突类型。首先，工作领域可能占据了过多时间资源，导致家庭领域时间资源不足，从而产生资源冲突。如前述提到的工作时间过长导致可用于家庭的时间不足，从而影响家庭生活而形成的冲突，就是工作至家庭的时间冲突。其次，工作领域的负面结果会溢出到家庭领域所导致的冲突，如工作压力感溢出至家庭领域导致的冲突，即是工作至家庭的压力冲突（Frone et al., 1992b)。最后，工作领域的典型行为可能不兼容于家庭。亦如前述提到的工作场合中的果断、坚定等行为不容于家庭生活而导致的冲突等，就是工作至家庭的行为冲突。

另一方面，家庭至工作冲突同样可以分成三种冲突类型（Gutek et al., 1991）。首先，家庭领域可能占据了过多时间资源，导致工作领域的时间资源不足，从而产生资源冲突。例如，个人投入照顾家庭的时间过多，导致工作绩效下降，从而影响个体职业发展，即使家庭至工作的时间冲突。其次，家庭领域的压力溢出到工作领域所导致的冲突。例如，与家人发生的争执导致的负面情绪带到工作场合，影响了工作表现等。最后，家庭领域的典型行为可能不兼容于工作场合。例如家庭场合中的温柔、包容、妥协等角色内行为在工作场合不符合角色期待而导致的冲突等，即是家庭至工作的行为冲突。由以上定义可知，冲突的发端方要么占据了过多时间资源，要么形成了可以溢出到其他领域的压力，要么形成了不兼容于其他领域的角色内行为，这三者都可能形成家庭冲突，只是根据发端不同而有所区分。

工作至家庭冲突与家庭至工作冲突一般被认为是两个独立的变量，它们之间存在着中等程度的正相关。工作至家庭冲突可以正向影响家庭至工作冲突，反之亦然（Carlson & Kacmar, 2000）。同时，两者的前因和结果变量也并不一定相同（Frone et al., 1992b）。相较于家庭至工作冲突，个体通常会经历更高水平的工作至家庭冲突（Aryee, Luk, Leung, & Lo, 1999; Frone, 2003; Netemeyer, Boles, & McMurrian, 1996a）。换句话说，发端于工作、影响家庭的工作家庭冲突，比发端于家庭、影响工作的工作家庭冲突对于个体体验来说更加严重。因此，大部分研究者关心的是工作如何影响家庭（Greenhaus & Beutell, 1985）。这就导致大部分关于工作家庭冲突的研究都是基于工作至家庭冲突来构建的（Frone et al., 1992b）。

针对工作家庭冲突的来源，一般认为，不管是工作至家庭的冲突还是家庭至工作的冲突，都包括三个主要的来源，分别是角色的一般要求、投入固定角色的时间、以及相应角色带来的压力（Bacharach et al., 1991; Greenhaus & Beutell, 1985）。其中，角色的一般要求包括了个体对相应角色的责任、要求、期望、义务以及承诺等（Netemeyer, Boles, & McMurrian, 1996b）。而投入固定角色的时间则指的是当个体在一个角色上投入的时间过多时，将会影响到其投入另一个角色的时间。而相应角色带来的压力指的是，一个角色产生的压力干扰了个体对另一个角色责任的完成。根据以上的细分，工作至家庭冲突可以定义为工作角色的一般要求、投入工作角色的时间以及工作角色带来的压力导致个体无法很好地完成家庭角色相应的责任。而家庭至工作冲突则定义为家庭角色的一般要求、投入家庭角色的时间以及家庭角色带来的压力导致个体无法很好地完成工作角色相应的责任（Bacharach et al., 1991）。

除了时间、压力与行为的三位分类以及方向上的工作至家庭与家庭至工作分类外，Carlson 与 Frone 在 2003 年提出，前人对工作家庭关系，尤其是对其重要的前因变量角色投入的探讨，忽略了角色投入的双因素结构。所谓角色投入的双因素结构，指的是角色投入分为心理投入与行为投入。其中，心理投入指的是个体对一个角色的认知与情绪资源的投入，而行为投入则指的是个体对一个角色的时间和物理资源的投入（Carlson & Frone, 2003）。据此，Carlson 与 Frone 提出了一个新的工作家庭冲突的维度划分，即内在维度与外在维度。外在的工作家庭冲突指的是在一个人生领域的行为投入导致的对另一个行为领域的干扰。当一个角色中外在的行为要求抑制或者阻止了个体对另一个角色的行为参与，工作家庭冲突就产生了。例如工作上的日程安排，作为外在的要求，影响了个体参与家庭生活的可用时间，就产生了外在的工作至家庭冲突。同理，外在的家庭至工作冲突指的是来自家庭的外在要求影响了个体对工作角色的行为参与。如照顾子女的要求影响了个体投入工作的时间，家庭至工作冲突就产生了。相反，内在的工作家庭冲突指的是个体在一个领域的心理投入导致对另一个领域心理投入的干扰。当一个角色中内在的心理投入已经影响到了另一个角色的角色边界时，工作家庭冲突就产生了。例如，个体对工作上一个问题的苦思冥想，作为内在的工作投入，带回到了家里，影响了其参与家庭生活的心理资源，就产生了内在的工作至家庭冲突。类似地，内在的家庭至工作冲突指的是个体对家庭的内在心理投入影响了其投入工作角色的能力（Carlson & Frone, 2003）。

还有研究者对于工作家庭冲突的定义提出了改进意见，如 Voydanoff 提出工作家庭冲突的扩展版（Voydanoff, 1988），认为"工作"除了带薪工作之外还应包括无薪的家庭及志愿工作等，以及"家庭"除了正常双亲家庭之外还应当包括单亲家庭。不过，这些意见大部分是在定义的外延上进行增减，对工作家庭的核心内涵的改进并不大。对前人理论总结可以发现，工作家庭冲突主要存在着三个视角的维度划分，分别是工作-家庭冲突以及家庭-工作冲突两个方向维度；基于时间的冲突、基于压力的冲突以及基于行为的冲突三个内容维度，以及内在资源的冲突以及外在资源的冲突两个内容维度。这样，工作家庭冲突在理论上可以分为12种类型。

此外，如前述，工作家庭冲突的其中一个重要类型是溢出冲突。所谓溢出冲突，即是一个领域中产生的负面结果，被个体代入另一个领域，从而导致另一个领域的负面结果（Pleck et al., 1980）。值得注意的是，个体在工作或家庭领域中不仅存在着焦虑、压力感等负面结果，同时也可能存在着积极的情绪、价值、技能与行为等。这些积极的元素同样也有可能从一个领域"溢出"到另一个领域，从而带来另一个领域的积极结果。这种积极元素的跨领域溢出就称为工作家庭积极溢出（Work-family positive spill over; Edwards & Rothbard, 2000）或工作家庭增益（Work-family enrichment; Greenhaus & Powell, 2006）。的确，从20世纪70年代起，基本上伴随着工作家庭冲突概念的提出，就有学者指出工作与家庭之间并不一定完全是资源竞争的关系（Marks, 1977; Sieber, 1974）。个体对一个领域的投入也可能会产生额外的资源，该资源可以用来补充其他领域的资源缺失。此外，工作家庭冲突与工作家庭促进之间的关系被发现是正交而并非完全相反（Wayne, Musisca, & Fleeson, 2004），因此对两者关系的探讨仍存在着较大的空间。例如，Barnett与Hyde在回顾前人文献的基础上，认为前人以功能主义、心理分析以及社会生理视角所提出的性别与工作家庭理论存在彼此矛盾之处，因此他们提出了一个扩张主义的性别与工作家庭理论，认为个体所身处的多重角色相比单一角色其实是有助益的。多重角色的助益作用是通过不同角色彼此互偿等调节作用和收入增加等中介作用来实现（Barnett & Hyde, 2001）。然而，在具体研究上，相比于负面结果的"溢出"，对于工作家庭互相促进的探索目前仍然相对较少。究其原因，可能是因为负面结果的溢出危害性更大（Frone et al., 1992a），对工作家庭冲突进行研究除了理论价值外，还对组织和个人有着较强的现实意义。

1.1.2 工作家庭冲突的理论

对于工作与家庭的关系特征，目前存在七种主要的理论范式（Edwards & Rothbard，2000；Zedeck & Mosier，1990），分别是溢出理论、冲突理论、资源消耗理论、补偿理论、分隔理论、工具理论以及一致性理论。

首先，溢出理论（Staines，1980）假设工作领域与家庭领域存在着根本上的相似性，彼此之间可以发生资源转移的关系。工作领域内产生的经验可以转移到非工作领域，如工作场合中的负面情绪可以带来家庭场合中的负面情绪，反之亦然。溢出理论在工作家庭冲突的理论中应用最为广泛，绝大部分的工作家庭冲突研究都是基于溢出理论来构建（Zedeck & Mosier，1990）。例如，从定义上来说，Greenhaus 与 Beutell（1985）所提出的三个工作家庭冲突来源中的工作上的压力溢出到家庭领域导致的冲突，就是溢出理论的典型表现。对溢出的讨论一般分为两种类型，一种类型是工作领域的一个概念与家庭领域中另一个概念之间的相似性（Judge & Watanabe，1994），如工作满意度对生活满意度的溢出（McAllister，Kamdar，Morrison，& Turban，2007）等。第一种溢出其实是在工作领域与家庭领域的两个概念之间建立正向的联结。另一种溢出则是经验从一个领域转移到另一个领域（McAllister et al.，2007），如工作上的情绪耗竭转移到家庭生活中。这种转移性的溢出并非是在工作领域与家庭领域的两个概念之间进行，而是同一个经验在两个领域间的移动。对于溢出理论，Payton – Miyazaki 与 Brayfield（1976）进行了更进一步的扩充，将溢出细分为增益性的（Additive）、异化性的（Alienation）以及认知/行为的（Cognitive/behavioral）。首先，增益性的溢出指的是个体对于工作的态度是其对人生整体态度的一个组成部分。因此，个体对工作的满意度将会增加其对整个生活的满意度，而对工作的不满意将降低其对整个生活的满意度。其次，异化性的溢出则表示个体对工作的态度不再只是其对人生整体态度的一部分，而是人生整体态度的充分条件。例如，对工作的负面态度可以导致个体对生活整体的负面态度。最后，认知与行为的溢出则将工作看成一种可以帮助个体进行学习的社会力量，个体学习后获得的知识、技能、机制、自我概念等将可以转移到家庭生活中。

第二个理论是冲突理论,指的因为两个领域的规范与要求彼此不兼容,个体在一个领域的成功或者满意的代价就是另一个领域的牺牲(Greenhaus & Beutell,1985)。从定义上来说,Greenhaus 与 Beutell(1985)工作家庭冲突三个来源中的角色行为期望不兼容导致的冲突,就是冲突理论的典型表现。

第三个理论是资源消耗理论。所谓资源消耗,指的是个体的有限资源,如时间、能量、注意力等,在不同的领域之间流动转移的过程(Small & Riley,1990;Staines,1980)。例如,从定义上来说,Greenhaus 与 Beutell(1985)工作家庭冲突三个来源中的工作时间与家庭时间的冲突,就是资源消耗理论的典型表现。

第四个理论是补偿理论,指的是工作领域与非工作领域存在着负向和对立的关系。例如,个体在工作领域的需求无法达到满足,将可以从家庭领域的活动中得到补偿(Staines,1980)。对于补偿,也有两种类型。第一种类型的补偿指的是个体对一个让自己不满意的领域减少投入,而在另一个可能产生满意的领域增加投入。在这里,投入体现了个体对一个领域的重要性的知觉(Lambert,1991;Staines,1980)、注意力的投放以及时间的投入(Small & Riley,1990)。因此,第一种类型的补偿可以看作是个体对于其能量的重新分配(Edwards & Rothbard,2000)。第一种补偿与资源消耗中的资源转移过程类似,只是在补偿理论里,个体对其重要资源的转移是有意识进行的,而资源消耗理论则不强调资源转移的意识性,只强调其客观的过程。第二种类型的补偿则指的是个体对某个领域的不满意可以通过对另一个领域的"奖励物"的追求来得到补偿(Kando & Summers,1971)。这里的"奖励物"指的是能够满足个体需求的外界供给(Porter & Lawler,1968)。与第一种补偿类型不同的是,第二种补偿机制对一个领域的不满意进行补偿的方式不是直接追求另一个领域的满意,而是追求另一个领域可以带来满意的"奖励物"。对于第二种补偿类型,还有研究者做了更进一步的扩展(Kando & Summers,1971),将第二类补偿细分为追加补偿(supplemental compensation)和反应补偿(reactive compensation)。所谓追加补偿,指的在一个领域无法满足的奖励,通过在另一个领域的追求来进行补偿。在工作家庭领域,就是个体在家庭领域去追求工作领域所想达到却无法达到的经验、行为和心理状态,通过家务劳动的成就感补偿工作中未能达到的成就感。而反应补偿则指的是个体在家庭领域去追求在工作领域被剥夺的经验、行为和心理状态。如通过家庭的休闲放松活动来补偿工作中被消耗的精力等。

第五个理论是分隔理论，指的是工作与家庭环境是两个独立的环境，个体可以在一个领域中取得成功，而不用估计另一个领域的影响（Payton – Miyazaki, M. Brayfield, 1976）。两个领域时间、空间与功能的分隔可以让个体将两个领域区分开来。工作世界就是不带人情味的、竞争性的与工具性的而不是表达情绪情感的领域，而家庭世界则相反，是情感、亲密和重要关系的领域（Piotrkowski, 1979）。然而，随着工作家庭关系研究在近年得到越来越多的关注（Frone et al., 1992b），分隔理论的基本假设也遇到了越来越多的挑战。第六个理论是工具理论，指的是一个领域是另一个领域中达成目标的工具或路径。例如，工作产出可以带来生活的满意度（Payton – Miyazaki, M. Brayfield, 1976）。

最后一个理论是一致性理论。所谓一致性，指的是工作与家庭因为某个共同的第三方原因而产生的相似性（Zedeck, 1992）。所谓的共同原因，包括各种个体与环境因素（Staines, 1980; Zedeck, 1992）。如特质性的情感状态可以同时影响工作满意度与家庭满意度，从而造成工作满意度与家庭满意度之间的伪相关（Frone, Russell, & Cooper, 1994）。从这个角度看，虽然一致性理论与溢出理论都强调的是两个领域中独立但有关联的构念之间的相似性，但是溢出理论描述的是一个构念对另一个构念的影响，而一致性理论则描述的是两个构念之外的第三个构念对工作与家庭领域的两个构念的同时影响。

1.1.3 工作家庭冲突的测量

因为工作家庭冲突的重要性，构建一个有效的测量工具就十分必要。对于工作家庭冲突的测量，传统方式是使用单一维度的工作家庭冲突量表。这里的单一维度体现在两方面。首先，是冲突方向上的单一维度，即大部分测量工具都是从工作影响家庭而导致的冲突。其次，是冲突内容上的单一维度，即大部分测量工具都是将工作家庭冲突涉及的方面通过单个或多个条目不分维度地进行测量而后形成单一的工作家庭冲突分数。例如，Kopelman 等人提出的角色

工作家庭冲突的前因机制：社会认知的视角

间冲突量表，就是不分维度地来考察从工作至家庭单方向影响的工作家庭冲突测量工具（Kopelman et al., 1983）。Kopelman 开发的量表中共有工作冲突、家庭冲突以及角色间冲突三个部分，其中工作冲突指的是工作要求与自我以及工作要求内部的冲突，而家庭冲突则是家庭要求与自我以及家庭要求内部的冲突。角色间冲突也就是工作家庭冲突，是一个 8 条目的测量工作至家庭冲突的单向单维度量表，测量的是工作日程、时间、要求等对家庭生活的干扰。

此外，如 Pleck 等人在一项大规模调查中使用的工作家庭冲突测量工具就是单条目量表。该条目询问个人的工作和家庭生活在多大程度上互相干扰（Pleck et al., 1980）。Rice 等在其研究中使用的工作–非工作冲突量表，同时测量了工作家庭冲突以及工作休闲冲突（Rice, Frone, & McFarlin, 1992）。其中，测量工作家庭冲突使用的量表与 Pleck（1980）等人的量表相同，即询问个人的工作和家庭生活在多大程度上互相干扰。而工作–休闲冲突也是使用了单个条目来测量个人的工作与业余活动在多大程度上互相干扰。对于条目数过少，甚至是单条目的量表来说，其信度可能受到影响。

出于不同的理论视角，近年来学者们开发出了一系列多条目、多维度的工作家庭冲突测量工具。例如，Burke 等研究者在 1979 年使用了 50 个条目的量表来测量工作要求对家庭生活的影响。量表包括 10 个子维度，分别表示工作要求对家庭生活可能产生影响的 10 个领域，分别为需要工作调动到不理想的地方、影响夫妻关系、影响丈夫在家的心理与生理状态、影响夫妻和社交生活、影响丈夫与子女的关系、影响丈夫对家庭活动的参与、影响周末与休假时间、影响夫妻对休闲活动的参与、引发对丈夫健康与安全的担心、给社区的行为模式带来压力等（Burke, Weir, & DuWors, Jr., 1979）。但是，量表长度过长，容易引起被试的疲惫。有的分维度量表则情况稍好，例如 Small 与 Riley 在 1990 年开发的多维度工作溢出量表，共有 20 个条目，分为 4 个维度，分别测量工作对婚姻关系、亲子关系、个人休闲以及家庭管理的影响。尽管未在维度中外显体现，该量表还隐含着三种不同的冲突来源，分别是时间冲突、心理冲突以及能量冲突。类似的测量工具还有 Holahan 与 Gilbert 以职业女性为研究对象开发的角色冲突量表（Holahan & Gilbert, 1979）。量表共 21 个条目，分为 6 个维度，分别是工作对伴侣身份的影响、工作对家长身份的影响、工作对自我的影响、伴侣身份对家长身份的影响、伴侣身份对自我的影响以及家长身份对自我的影响。其中涉及工作与家庭关系的是前三个维度。

尽管 Small 与 Riley 的量表以及 Holahan 与 Gilbert 的量表都具有多维度、条目数合适的优点，它仍然只是测量工作至家庭冲突的单向量表。与此不同的是，O'Driscoll 等 1992 年在其研究中使用了自己开发的工作与非工作冲突的测量工具，虽然在内容上并未作维度区分，仅仅分条目考察了工作对非工作的干扰以及由此带来的个体负面感受，但量表的一个特点是区分了工作至非工作冲突以及非工作至工作冲突两个方向。不过，因为其中有的条目测量的是个体对其工作与非工作活动互相干扰而带来的担心或关注程度，而不是干扰本身（O'Driscoll，Ilgen，& Hildreth，1992），换句话说，测量的并非工作家庭冲突本身，而是工作家庭冲突导致的结果，如生理、心理与社会的症状等，因此将其作为工作家庭冲突的测量工具存在着一定的争议（Netemeyer et al.，1996b）。

Frone 等 1992 年同时考虑了工作家庭冲突的两个方向，开发了一个 4 条目的工作家庭冲突量表（Frone et al.，1992a），其中 2 个条目测量工作至家庭的冲突，2 个条目测量家庭至工作的冲突。类似地，Netemeyer 等也同时考虑了工作家庭冲突的两个方向，开发了一个 10 条目的工作家庭冲突量表（Netemeyer et al.，1996b），其中 5 个条目测量工作至家庭冲突，5 个条目测量家庭至工作冲突。所有 10 个条目分别测量了工作（家庭）的一般要求、投入时间、角色产生的压力对个体完成家庭（工作）责任的干扰程度。值得注意的是，Netemeyer 等是基于其对工作家庭冲突的定义来开发工作家庭冲突的量表的。而 Netemeyer 等将工作家庭冲突定义为一个角色的要求、投入的时间与角色产生的压力导致另一个角色的责任更难完成从而产生的冲突（Netemeyer et al.，1996b）。然而，这个定义与 Greenhaus 与 Beutell 所提出的工作家庭分为时间冲突、压力冲突以及行为冲突的定义并不完全一致（Greenhaus & Beutell，1985）。虽然两者都有压力冲突与时间冲突，但是 Greenhaus 与 Beutell 原定义中的行为冲突在 Netemeyer 等开发的量表中没有得到体现，而被替换成了一般角色要求导致的冲突。此外，虽然 Netemeyer 对工作家庭冲突的维度做了定义，但其开发的量表依然在内容上，即工作至家庭冲突以及家庭至工作冲突两个方向上都是单维度的。类似的还有 Matsui 等开发的工作家庭冲突量表，在其开发的 10 个条目的工作家庭冲突量表中，虽然区分了工作至家庭冲突以及家庭至工作冲突两个方向，但是在内容上也只考虑了时间冲突和压力冲突，而没有将行为冲突考虑在内（Matsui, Ohsawa, & Onglatco, 1995）。

完全按照 Greenhaus 与 Beutell（1985）对工作家庭冲突三维度定义来开发量表的是 Stephens 与 Sommer。在其 1996 年开发的 14 条目工作家庭冲突量表中，分为基于时间的冲突、基于压力的冲突以及基于行为的冲突三个维度（Stephens & Sommer, 1996）。虽然 Stephens 与 Sommer 的量表在内容上区分了维度，其在冲突方向上依然是单向的，只考察了工作至家庭冲突，而没有考察家庭至工作冲突。

在前人开发量表的基础上，Carlson 等人（2000）首先对前人研究中开发的涉及测量工作家庭冲突的量表做了一个总结回顾，发现在已有的工作家庭冲突的 25 个测量工具中，只有 17 个对工作家庭冲突的方向或者内容作了细分，8 个量表仅仅使用单方向单维度（工作至家庭或者家庭至工作）的方式测量工作家庭冲突。在 17 个进行了细分的量表中，有 12 个区分了工作至家庭冲突与家庭至工作冲突两个方向，其他 13 个中绝大部分测量的都是工作至家庭的单向冲突。此外，仅有 7 个研究在内容上区分了工作家庭冲突的不同维度。25 个量表中更是仅仅只有 1 个量表包括了工作家庭冲突的行为冲突维度（Loerch, Russell, & Rush, 1989）。

基于对前人研究中量表的总结和整理，Carlson 等开发出了一个新的工作家庭冲突量表，量表结构完全根据 Greenhaus 与 Beutel（1985）的定义，并参考了 Gutek 等人对与工作家庭冲突更加细化的分类，即将工作家庭冲突按照工作至家庭与家庭至工作两个方向以及时间、压力、行为三个维度细分为 6 个类型，包括工作至家庭的时间冲突；家庭至工作的时间冲突；工作至家庭的压力冲突；家庭至工作的压力冲突；工作至家庭的行为冲突；家庭至工作的行为冲突（Gutek et al., 1991）。根据上述 6 个类型，Carlson 构建了 6 个维度的工作家庭冲突测量工具（Carlson, Kacmar, & Williams, 2000），共 18 个条目，每个维度 3 个条目。

2003 年，Carlson 与 Frone 基于其提出的工作家庭冲突新的划分方式，即内在的工作家庭冲突以及外在的工作家庭冲突，结合工作家庭冲突的两个方向，开发了一个12条目的四维度工作家庭冲突测量工具，包括外在的工作至家庭冲突、内在的工作至家庭冲突、外在的家庭至工作冲突以及内在的家庭至工作冲突（Carlson & Frone, 2003）。该测量工具放弃了 Greenhaus 与 Beutell（1985）对工作家庭冲突的时间、压力与行为的三维度划分，而将其整合为内在心理投入和外在行为投入两个维度，提供了测量工作家庭冲突的新思路。

1.1.4 工作家庭冲突的结果与影响因素

在工作家庭关系领域，已经有系列的元分析和综述总结了工作家庭冲突的结果及影响因素。自从 Greenhaus 与 Beutell（1985）首次从时间、压力以及行为冲突三个角度阐述工作家庭冲突后，陆续有研究者开始对当时的工作家庭冲突研究进行回顾总结，并提出新的研究方向。例如，Kossek 与 Ozeki 在1998年的一篇元分析中，系统回顾了工作家庭冲突与工作、生活满意度之间的关系（Kossek & Ozeki, 1998）。结果发现，不管工作家庭冲突的具体形式是工作至家庭冲突还是家庭至工作冲突，其与工作满意度之间的负相关都在多项研究中得到了一致的支持（Kossek & Ozeki, 1998），虽然家庭至工作冲突与工作满意度之间的负相关相比工作至家庭冲突与工作满意度之间的负相关要来得稍微弱一些；以及对于男性来说，其工作家庭冲突与工作满意度之间的负相关比女性也要稍微弱一些。在一年后的另一篇元分析中，Kossek 与 Ozeki 增加了更多的结果变量，包括工作绩效、离职、缺勤、组织承诺以及工作倦怠，以及前因变量如工作投入等（Kossek & Ozeki, 1999）。其中，仅有少量研究发现了工作至家庭冲突与工作绩效的负向关系，而家庭至工作冲突对工作绩效的负向关系要更强（e. g., Netemeyer et al., 1996b）。在考察了工作家庭冲突与缺勤及离职行为关系的研究中，大部分都支持了工作家庭冲突对缺勤及离职行为的正向作用。而工作家庭冲突与组织承诺的关系，则显示出从负向关系到关系不显著的不一致结果。但总体来说，工作家庭冲突越高，组织承诺越低。类似地，绝大部分的研究都显示，工作家庭冲突与工作倦怠，特别是情绪耗竭呈现显著的正向关系。与此对应的是，绝大部分探讨工作投入与工作家庭冲突的研究都显示，更高水平的工作投入会带来更高水平的工作家庭冲突（Kossek & Ozeki, 1999）。

与此相似的是 Allen 等在 2000 年的一篇综述，他们系统回顾了工作家庭冲突与工作相关结果、非工作相关结果以及压力相关结果之间的关系（Allen, Herst, Bruck, & Sutton, 2000）。其中，工作相关结果包括工作满意度、组织承诺、离职倾向、缺勤、工作绩效、职业满意度以及职业成功，基本上涵盖并拓展了 Kossek 与 Ozeki（1999）元分析中所涉及的组织结果变量。而非工作相关的结果则包括生活满意度、婚姻满意度、家庭满意度、家庭绩效以及休闲满意度，加上工作相关结果中的工作满意度后，也涵盖并拓展了 Kossek 与 Ozeki（1998）元分析中涉及的满意度相关结果变量。此外，压力相关的结果则包括一般心理压力感、身心症状、抑郁、药物滥用、工作倦怠、工作相关压力、家庭相关压力等。结果显示，在大部分研究中，工作家庭冲突会带来更低的工作满意度、更高的离职倾向、更低的组织承诺、更低的职业满意度以及职业成功。而对于绩效、缺勤行为、职业满意度和职业成功而言，工作家庭冲突与它们的联结因为涉及研究太少，还没有确定的结论。对于非工作相关的结果，在大部分研究中，工作家庭冲突会带来更低的生活满意度、婚姻满意度。而对于家庭满意度、家庭绩效以及休闲满意度来说，将工作家庭冲突与其联结起来的研究较少，还没有确定的结论。针对压力相关结果，在大部分研究中，工作家庭冲突会带来更高水平的工作倦怠和工作相关压力。而对于身心症状等结果变量，则需要有更多的研究证据支持（Allen et al., 2000）。

根据 Michel 等提出的工作家庭冲突的前因框架（Michel et al., 2011），工作家庭冲突的来源可以分为工作压力源与家庭压力源、人格以及人口统计学变量四大类。其中工作压力源包括工作角色压力源、角色投入、社会支持以及工作特征四个部分；而家庭压力源也包括家庭角色压力源、家庭角色投入、社会支持以及家庭特征四个部分；人格特征包括控制源以及情绪稳定性；人口统计学变量则包括性别、婚姻状态、子女情况等。

对于工作压力源而言，角色压力源，包括角色冲突、角色模糊与任务过载（Kahn et al., 1964）几乎是最早被提及的工作家庭冲突的预测因素（Greenhaus & Beutell, 1985）。目前，已有大量研究支持了角色冲突与工作家庭冲突之间的正向关系（e.g., Bedeian et al., 1988; Boyar, Maertz, Jr., Pearson, & Keough, 2003; Kopelman et al., 1983），而角色模糊与工作家庭冲突之间的正向关系（Frone et al.，1992a）以及任务过载与工作家庭冲突之间的正向关系（Boyar et al.，2003）都有研究支持。而针对个体的工作投入，大量研究发现个体对工作的高水平投入会给个体带来高水平的工作家庭冲突。如更长的工作时间（Grzywacz & Marks，2000），更高水平的工作卷入（Carlson & Perrewé，1999）等都与工作家庭冲突呈正向关系。即使过多的工作时间为带薪工作，也会带来更高水平的工作至家庭冲突（Fu & Shaffer，2001）。此外，有研究发现，组织给予个体的支持可以降低个体的工作家庭冲突（Eby et al.，2005）。社会支持指的是外界给予个体的工具性的帮助、情绪上的关怀、信息上的知会以及评价等帮助个体强化其自我重要性的资源（Matsui et al.，1995）。有研究发现，对于知觉缺乏社会支持的个体，其工作家庭冲突水平会更高（Galinsky，1994）。除了组织的支持外，个体知觉到的工作自主性，即个体在工作中所拥有的自由，也与其工作家庭冲突呈负相关（Aryee，1992）。例如，工作日程的灵活性可以让个体有更多的自由时间去满足家庭的要求，从而带来更低水平的工作家庭冲突（Hammer, Allen, & Grigsby, 1997）。而相反，如日程不灵活、轮班需要以及加班或夜班等被发现会导致工作家庭冲突的上升（Judge, Boudreau, & Bretz, 1994）。近年来，组织也越来越认识到工作家庭冲突对其员工整个人生质量的影响，开始推出对家庭负责的人力资源政策与实践来促进工作家庭平衡，以降低个体在工作中以及家庭中的压力感水平。一项包括527家美国企业样本的研究显示，拥有更加丰富的工作家庭政策的组织也拥有更高水平的公司绩效（Perry‐Smith & Blum，2000）。

  家庭压力源也是不容忽视的一个导致工作家庭冲突的压力源。双职工现象可能是工作家庭冲突现象越来越普遍的一个原因（Greenhaus et al.，2009）。个体抚养子女以及做家务的责任同样会带来高水平的工作家庭冲突（Bohen & Viveros‐Long，1981）。例如，对于职业女性来说，家庭生活中的育婴需要会引发其高水平的工作家庭冲突，工作家庭冲突又相应地导致其生活压力感的上升（Matsui et al.，1995）。而子女的数量以及年龄也都可以影响工作家庭冲突的水平（Bedeian et al.，1988；Loerch et al.，1989）。此外，缺乏来自家庭的支持也被发现是导致工作家庭冲突的重要前因，如缺乏伴侣支持的个体会产生较高水平的工作家庭冲突（Holahan & Gilbert，1979；Loerch et al.，1989）。伴侣的工作家庭冲突同样是个体工作家庭冲突的重要前因之一。有研究发现，不管对于男性还是女性个体而言，其伴侣的工作家庭冲突水平越高，其自身的工作家庭冲突水平也会越高（Hammer et al.，1997）。甚至连伴侣的职业承诺或者工作角色投入都会导致个体更高水平的工作家庭冲突（R. J. Burke, Weir, & DuWors, Jr., 1980; Greenhaus & Beutell, 1985）。

值得注意的是，这种现象同时体现在男性和女性职业群体中。例如，有研究发现，妻子工作的丈夫相比全职主妇的丈夫，其工作满意度更低、婚姻适应性更差，生活的质量也更低。在妻子的工作对丈夫结果的负面影响的关系中，丈夫对工作的时间投入以及对子女养育的满意度起到了中介作用。即妻子工作的丈夫相比妻子为全职主妇的丈夫，其对工作的时间投入更少，对子女养育的满意度更低，从而导致其工作满意度、婚姻适应性以及生活质量的下降（Parasuraman, Greenhaus, Rabinowitz, Bedeian, & Mossholder, 1989）。类似地，丈夫的工作要求对于妻子的生活状态也有着显著的负向影响。工作要求更多的丈夫，其妻子的婚姻满意度与生活满意度都更低，社交参与的愿望也更低，并且身心失调的症状以及负面情绪会相应上升（R. J. Burke et al., 1980）。

在个人因素上，有研究者对大五人格与工作家庭冲突的关系进行了考察（Wayne et al., 2004），结果发现情绪稳定性（神经质的反向）以及责任心与工作家庭冲突之间呈现负相关；而外向性则更多地与工作家庭促进正相关，而与工作家庭冲突没有显著的相关。还有研究发现，内控的个体相比与外控的个体，其工作家庭冲突的水平更低（Noraini, 2002）。除了人格特质外，大量研究还探讨了个体行为与工作家庭冲突的关系。如一系列关于工作狂与工作家庭冲突关系的研究（Piotrowski & Vodanovich, 2006）发现了工作狂对工作家庭冲突的正向影响。在一项152名荷兰社区志愿者被试的研究中发现，工作狂与工作-非工作冲突之间有着显著正相关（Taris, Schaufeli, & Verhoeven, 2005）。此外，在一项有5853名被试的大型调查中，工作狂被发现拥有更高的工作家庭冲突，以及更低的对家庭的满意度（Buelens & Poelmans, 2004）。相反，有研究发现积极的身体锻炼可以提升个体对管理工作家庭冲突的自我效能感以及降低其心理压力感，从而带来工作家庭冲突水平的下降。换句话说，增加的自我效能感以及降低的心理压力感是身体锻炼降低工作家庭冲突的中介机制

(Clayton, Thomas, Singh, & Winkel, 2015)。

从另一个角度来看,因为工作家庭冲突最初的定义是基于角色理论的角色要求不同和个体资源有限的两个前提,根据工作要求-资源模型(Job demands – resources model; Bakker & Demerouti, 2007),工作家庭冲突的预测因素也可以划分为要求和资源两大类。当工作与家庭角色的要求超过个体可用的资源供给时,将会给个体带来基于角色的压力感(Frone et al., 1992a),从而导致工作家庭冲突的产生。例如,导致工作至家庭冲突产生的角色要求可以分为时间要求、工作负荷以及工作压力等三种类型。而资源又可以分为控制源(Andreassi & Thompson, 2007)、工作自主性(Andreassi & Thompson, 2007)、工作投入(Ford et al., 2007)与工作支持等(Ford et al., 2007)。

一个值得注意的事实是,虽然工作家庭冲突的最早定义(Greenhaus & Beutell, 1985)提出工作家庭冲突包括三个维度,即基于时间的工作家庭冲突、基于压力的工作家庭冲突以及基于行为的工作家庭冲突。但是后续的大部分研究并未严格采用三维分类法来探讨工作家庭冲突,而是多选取其中的基于时间的冲突或基于压力的冲突作为工作家庭冲突的代表(O'Driscoll et al., 2005)。也就是说,目前针对工作家庭冲突的前因变量的探索,大多数是针对基于时间的或基于压力的工作家庭冲突的前因变量的探索。

1.2 社会认知理论

在对人类心理与行为进行解释的早期理论中,个体的心理与行为基本上是由单个因素单向决定的(Bandura, 1989)。这些理论的特点是,首先,个体心理与行为的决定因素是单个的而不是多元的。这些因素要么是个体自身的因素,要么是外部环境因素。其次,这些影响因素对个体心理与行为的影响都是单向的,即从影响因素到心理与行为。社会认知理论(Social cognitive theory)与前人理论最大的区别就在于,首先,个体心理与行为的决定因素是多元的而不是一元的,它包括了认知元素、行为元素与环境元素。其次,个体心理与行为的影响因素之间的关系是双向互动而不是单向决定,认知元素、行为元素与环境元素两两之间存在着双向的互动关系。综合起来说,社会认知理论是一个

工作家庭冲突的前因机制：社会认知的视角

三元双向的人类心理与行为理论。具体地，社会认知理论认为人类心理与行为是个人特征、环境特征以及个体行为这三类因素彼此互相影响、交互作用的结果。

1.2.1 社会学习理论

社会认知理论的前身是社会学习理论。社会学习理论最早由 Sears（1951）提出。Sears 的关注点在于社会化的过程，探讨儿童如何将他们长大的社会文化中的价值观、态度与行为特征内化成为自己拥有的特征。Sears 提出的社会学习理论包括一些重要概念，如攻击性的控制、对诱惑和对内疚的抵抗力以及对文化许可的性别角色行为的内化等。例如，攻击性被弗洛伊德认为是个体面对挫折导致的结果，而 Sears（1941）认为个体对挫折的反应可以通过学习得到转变，即通过学习，个体在面对挫折时便不会产生攻击性反应。在 Sears 之后，Bandura 则关注包括儿童与成年人在内的个体对他们的社会经验进行认知操作的过程，包括抽象与整合其在社会经验中接受的各种信息，如接触到的榜样、言语交流等。通过这种抽象与整合，个体可以获得对自己和环境的基本认知，包括对反应-结果的期望、自我效能感等。Bandura 提出的社会学习理论的几个核心概念是观察学习、自我调节以及自我效能感（Bandura，1986）。

第一个核心概念是观察学习，其核心过程是对榜样的模仿（Modeling；Bandura，1977b，1986，2001）。模仿过程包括四个成分，每个成分要么在获取事件相关的信息或规则的过程中，要么在使用这些信息去指导行为的过程中发挥作用。第一个成分是注意。观察者必须对被观察对象施加注意力。注意的过程决定了个体在各种丰富的榜样影响中选择去观察哪个榜样，以及从正在进行的模仿活动中抽取什么样的信息。第二个成分是保存，即将榜样材料保存为符号表征的过程。保存过程包括个体主动地以规则和概念的形式去转换与重组事件信息的过程。第三个成分是行为产生。个体将符号与概念转换成为合适的行为步骤。被个体储存在记忆中的符号表征，不管是语义还是图像，都必须被转换成适合的行动步骤。最后一个成分是动机。个体是否会将通过观察学习得到的行动步骤变为实际的绩效，主要受到三种刺激动机源的影响，分别是直接动机源、间接动机源以及自生动机源。如果个体模仿的策略可以直接产生有价值的回报，那么个体采用该策略的概率要比采用产生无价值回报或者惩罚的模仿策略的概率要高（Bandura，1977b，1986）。

第二个核心概念是自我调节。所谓自我调节，指的是个体不是根据环境的影响来调整自己的行为，而是根据自己的认知来保持自己认为理想的行为模式。因此，符合个体内在标准的行为被个体认为是积极的，而不能满足个体内部标准的行为则被认为是消极的（Bandura，1977b）。社会认知理论强调个体对其自我导向以及自我激励的能力（Bandura，1988b）。动机以及绩效的达成需要个体通过其内在标准以及对自己行为的评价不断地进行自我调节。首先，当前行为与个体内在标准之间的差异会成为个体趋向理想目标的动力和指导。其次，通过对自我行为的评价，个体可以保证他们的行为与其内在标准一致。具体而言，个体对自身动机、情感与行为的调节包括一系列的子功能，如自我监控、判断以及自我反应等。首先，个体需要依赖精确的、一致的以及时间上邻近的自我监控来实现有效的自我调节（Kazdin，1974）。其次，通过自我监控观察得到的个人行为模式信息虽然是调节行为的前提，但是单独这些行为信息本身并不足以给予个体自我导向的建议。个体需要比较当前行为与其个人标准，比较后产生的积极或者消极的态度就可以作为自我行为指导的信息来源。除了个人标准之外，外界的他人表现、行动的价值以及行动的发起者等信息，也可以成为个体判断的依据。不过，通过将判断依据与行为进行比较，仍然不能直接获得个体行动的动机，而是需要再通过自我反应的过程。自我反应包括自我效能感、对目标的情感自我评价以及对临近子目标的适应程度等（Bandura，1991）。

第三个核心概念即是自我效能感。所谓自我效能感，是个体对自己是否有能力组织与实施必要的行为去获得期望的绩效水平的信念（Bandura，1982）。对于个体来说，拥有可以完成一项任务的技能并非完成任务的充分条件。在拥有技能的基础上，拥有自己能够控制事件的进展从而完成任务的信念也同样重要。根据自我效能感理论（Bandura，1977a），当个体具有较低水平的自我效能感时，他们会认为自己没有足够的能力达成较好的表现，他们会变得心事重重或者情绪化，而这两者都不利于他们达成满意的表现。个体的自我效能感可以通过其选择或创造的环境影响其绩效表现和心理幸福感（Bandura，1990）。

自我效能感还可以影响其动机水平。个体的自我效能感越高，其对自己的能力有越强的信念，他们在任务努力上就越能够坚持（Bandura，1988b）。

1.2.2　社会认知视角下的个体与环境交互作用

社会认知理论首先带来了新的个体观。在社会认知理论中，个体被看作自我组织、主动的、自我反省的、自我调节的个体，而不是被外界事件影响塑造的被动反应的有机体。个体因为其自我组织和自我调节的能力，可去影响他们自己的行为，从而得到期望的结果（Bandura，1999）。而个体能够去对其思维、动机、情感与行动施加掌控的机制就在于人的能动性。根据社会认知理论，个体是其人生中的能动的操作者，而不被外界事件与内在机制交互作用的旁观者。简单来说，个体是个体经验的敏锐的代理人，而不仅仅是经验的经历者（Bandura，2001）。

在社会认知理论中，个人元素与传统人格心理学的个人特质存在着概念上的差异。传统的人格研究中将人格看成去情境化的稳定不变的特质，并相应地以跨环境的统一测量方式来实现对人格特质的测量。相比传统的个人特质，社会认知理论中的个人元素是一个动态、多面的信念系统，而不是静态的、与情境无关的稳定特质（Bandura，1999）。例如，个体的自我效能感的信念不仅因人而异，也因情境而异。因此问题的关键不在于个体是否有特质，而在于这些特质如何被定义和操作。总之，社会认知理论中的个人特质是一些如自我信念、结果期望等对行为进行调节的个人因素，而不是对习惯性行为的描述。从更高的理论层次来说，社会认知理论质疑并丢弃了对于自我概念中同时包括能动者和客体的二元认识。所谓二元认识，指的是当个体对环境产生影响时，个体就是能动者；而个体在反应和执行自己能动的决策时，个体就是客体（Bandura，1999）。也就是说，个体是决策者也是执行者。社会认知理论认为，即使个体在执行自己的能动决策时，也不是完全的客体，而是仍在能动地评价环境和调节策略。因此，相比将能动者与客体独立隔绝的二元系统，社会认知理论认为个人特质是一个动态系统，存在着一些互相关联的功能。

其次，社会认知理论带来了新的环境观。在社会认知理论中，环境结构分为三类，即强加的环境、选择的环境以及建构的环境（Bandura，1997）。所谓强加的环境,指的是不管个体是否喜欢,都直接施加在个体周边的环境。尽管个体对强加环境的控制十分有限,但是个体在如何认知该环境或者如何对该环境做出反应上仍然拥有余地。第二类是选择环境。潜在环境与个体实际经历的环境有着重要的差异。在大部分情况下,个体面对的环境多是潜在环境。在这个环境中,奖励或者惩罚在个体采取行动之前并不会成为现实。哪部分的环境会从潜在环境变为实际环境,要取决于个体的行为。因此,个体对其行为的选择等决定了选择的环境。第三类是建构的环境。除了强加的环境以及选择的环境之外,个体还会通过自己的努力来主动构建自己周围的社会环境。总之,认知的环境、选择的环境以及构建的环境都是社会认知理论中环境元素的组成部分,参与到与个人元素以及行为元素的三元互动中。

  基于社会认知理论对个人因素与环境因素的解读,就可以以新的视角来看待包括个体特征与个体行为在内的个人因素与环境因素之间的关系。第一类关系是个体特征与个体行为之间的关系。具体地,个人的认知特征,如想法、期望、信念、目标以及情绪特征,如情绪状态、情感状态等都会影响到个体的动机及行为表现(Bower, 1975; Neisser, 1976)。不仅个体特征可以影响行为,个体行为反过来也可以影响个体认知等特征。典型的例子如认知失调(Festinger, 1962),即个体的行为与认知不一致会导致认知失调,从而产生压力。为了减少认知失调及其带来的压力,个体会根据自己的行为来调整自己的认知,以使得两者相匹配。广义的个体特征还包括个体的生理特征,如感觉和知觉等。这些感觉和知觉特征同样也会增强个体的行为能力,或者给行为能力带来限制。相反,个体的行为同样也会影响个体的感知觉,塑造个体的大脑结构等,形成反向的影响。总体来说,个人的认知特征(Personal factors)与行为(Behavior)特征之间具有双向联结,可以简写为 P↔B 联结。

  第二类关系是环境特征与个体行为之间的关系。首先,根据社会学习理论(Bandura, 1977b),社会影响因素可以通过模范、指导等方式来塑造个体的行为。从个体的角度来说,就是通过观察学习模范的行为来调整自己的行为。其次,气候、温度等环境因素本身也可以影响个体的行为方式,塑造与环境相适应的行为模式。相反,个体行为也可以反向作用于环境。人们通过选择与创造情境来形成自己的生活空间。这种生活空间不仅仅是物理上的,也可以是社会的。例如，侵略性的个体会在人群中形成有点敌意的氛围，而宜人性高的个体则会在人群中形成友好的氛围（Raush，1965）。综合起来说，环境与行为的双向关系表明，人类既是环境的产品，又是环境的创造者。环境（Enviroment）特征与行为特征之间的关系可以简写为 E↔B 联结。

第三类关系是个体特征与环境特征之间的关系。如前所述，社会学习理论中，社会环境的影响因素不仅可以直接塑造个体的行为，还可以塑造个体的认知特征、情感状态甚至生理特征。同样通过模范和指导等过程，社会环境不断地给个体传递信息并激活情绪反馈，使得个体获得更新的期望、信念、情绪情感状态与认知特征。此外，个体的认知与情感特征还受到社会环境因素的直接影响，如个体所被赋予的社会角色，包括性别、种族、长相、家族、地位等，都会不断地激活个体的认知和情感反应，从而改变其认知和情感特征。最后，如前所述，广义的个体特征还包括个体感知觉等生理特征。这些生理特征同样也会受到环境因素的影响。不同地区的气候特征，逐渐塑造了生活于其中的人群有特色的生理特征，如头发、鼻子等。相反，个体特征也可以影响、塑造环境特征。例如，一个管理者的领导风格、情绪反应倾向都会对其身处的社会环境产生影响，塑造出高效或低效的团队状态，以及轻松或严肃的团队氛围。个体特征与环境特征之间的关系可以简写为 P↔E 联结。

以上三类关系整合起来，便形成了社会认知理论的三元交互模型。其中，个体特征与环境特征双向互相作用，个体特征与个体行为双向互相作用，环境特征与个体行为也是双向互相作用。需要强调的是，Bandura（1988a）认为，个体特征、环境特征与个体行为之间的双向交互并不一定意味着这三者之间的关系强度始终相等，甚至并不意味着这三类双向互动关系同时存在。同时，一个因素对另一个因素发挥影响，并激活另一个因素对其的反向影响也需要时间。以上特征说明，社会认知理论是一个动态权变的理论，根据不同的个体、环境条件，三元互动模型中的各个联结可能存在强弱不一甚至有无不一的状况。

自从其提出以来，社会认知理论便为研究者们提供了一个系统的框架用来解释人类的心理与行为机制。特别是其核心成分之一，社会学习理论解释了个体如何接受环境特征的影响来塑造自身的认知与行为（即 E→P 和 E→B 联结),成为很多后续研究的基本理论框架。随着社会认知理论的进展,包括 Bandura 在内的学者越来越倾向以能动的视角(Agentic perspective)来重新审视社会认知理论,认为社会认知理论的核心是个体如何通过主动的自我组织、自我调节与自我反省来塑造其生活的环境,而不是简单地被环境塑造(Bandura,2001),即应该更多地探讨即 P→E 和 B→E 联结。然而,在目前大部分应用社会认知理论的研究中,影响的方向都是从环境特征到个体特征,或者环境特征到个体行为。而相反的方向,即个体特征到环境特征或者行为特征到环境特征都相对较少。这意味着,采用能动视角去看待个体的认知与行为对环境的塑造作用的研究目前存在着不足。笔者即着眼于个体身处的两大环境,即工作与家庭环境之间的冲突为因变量,以个体的个人特征、个体行为为能动因素,探讨个体认知与行为如何去影响其身处的环境。此外,因为社会认知理论同时存在着中介假设,如个体认知通过影响个体行为来影响环境、环境通过影响个体认知来影响个体行为等。笔者同样认为,环境特征也可以通过影响个体的认知和行为,再对环境特征产生影响。总体来说,社会认知理论框架下的个人特征、个人行为以及环境特征三元素在能动视角下应该拥有更加复杂的动态互动关系。

第二章　环境因素：工作日程控制与工作家庭冲突的关系研究

在本章，笔者探索了工作日程控制经由工作家庭冲突影响情绪耗竭，以及经由情绪耗竭影响工作家庭冲突的双向中介模型。并在此基础上考察了家庭时间充裕度的调节作用。笔者预期，在员工拥有较高水平的家庭时间充裕度时，员工的工作日程控制将会更加有效，工作日程控制对情绪耗竭以及工作家庭冲突的负向作用也会更强。

2.1　文献综述

2.1.1　工作日程控制

工作日程控制的定义与理论

在当前快速变化的外部环境下，传统意义上稳定的工作形式和内容越来越变得动态化（Guichard & Dumora, 2008）。典型的即是作为工作中最重要的环境条件之一的工作日程变得越来越多样化（Fenwick & Tausig, 2001）。工作日程的多样化主要体现在两个方面。首先是组织主导的工作日程多样化。根据统计，在全职工作的员工里，约有17%的员工并非采用传统朝九晚五的工作时间，而是采用晚班、夜班或者轮班的形式（Presser, 1995）。有34%的员工并非采用传统周一到周五的工作时间，而是周末上班。这两个群体还有重合，其中约11%的员工既非传统的周一到周五上班，也不是朝九晚五上班。在这种情况下，工作日程区间的多样化主要是由组织根据其工作形式、工作内容的需要来主导安排。其次在组织中由成员自己决定的工作日程多样化。这包括组织允许员工拥有工作日程的灵活性，自行决定工作开始和结束的时间等。组织

第二章 环境因素：工作日程控制与工作家庭冲突的关系研究

赋予的员工增减工作时间或者更改工作日程的自由，就被称为时间控制（Berg, Appelbaum, & Kalleberg, 2004; Golden, 2008; Kelly & Moen, 2007）。

工作日程控制最核心的成分是工作时间的灵活性，即员工选择工作开始时间以及结束时间的自由，包括员工自愿对标准化的工作日程进行调整的自由，以及选择全职工作或兼职工作的自由（Kelly & Moen, 2007）。从其定义来说，工作日程控制可以分为正式的工作日程控制以及非正式的工作日程控制两种。所谓正式的工作日程控制，指的是员工与组织正式约定的日程，如工作起止时间等（Grzywacz, Carlson, & Shulkin, 2008）。正式的工作日程控制意味着，工作日程虽然由员工自由决定，但是一旦约定，即相对固定。员工在平时工作中享有的灵活性较少。而非正式的工作日程控制指的则是员工在平时的工作中拥有选择工作时间的自由，如改变轮班时间、安排工作与休息时间等（Hammer, Kossek, Anger, Bodner, & Zimmerman, 2011）。从另一个角度来说，工作日程控制则可以分为工作日程控制的知觉可用性以及工作日程控制的实际使用两种类型。所谓工作日程控制的知觉可用性，指的是员工知觉到的自身拥有的工作日程控制的程度或水平。虽然组织可能给员工确定了工作日程自主性的统一标准，但是每个员工因为其自身的情况不同，如不同的工作年限等，其知觉到的工作日程控制水平可能有所不同（Hurtado et al., 2015）。而所谓的工作日程控制的实际使用，指的是员工在实际工作中真正做出了诸如调整工作时间等自主性权利的行为（Hurtado et al., 2015）。

作为个体自由决定的工作日程灵活性，与组织决定的工作日程灵活性因为其发起者不同，其效应也存在着明显的差异。早期对工作日程灵活性的研究以组织规定的非常规工作日程为主，探讨如夜班、轮班等对员工个人与组织结果的影响。已有大量研究发现非常规工作日程的负面效应（Fenwick & Tausig, 2001）。如有研究者发现，非标准化的工作时间，如轮班工作等会导致个体生理、心理和/或社会适应上的问题，从而给其个人健康带来负面的影响（Akerstedt, 1990）。此外，非标准化的工作时间还会影响员工的家庭生活，导致高水平的工作家庭冲突（Kinnunen & Mauno, 1998）。但是，早期研究对工作日程控制是组织主导还是个人自由决定并没有严格的区分，导致事实上虽然大部分研究都以探讨组织主导的工作日程多样性为主。不过，仍有部分研究涉及了个人自主决定的工作日程多样性，并发现了其与组织主导的工作日程多样性不一致的影响。例如，Staines 与 Pleck 发现，虽然非标准化的工作日程会给个体的家庭生活带来负面影响，如导致个体更高水平的工作家庭冲突，但是个体拥有的工作日程灵活性，也即工作日程控制，可以调节非标准化工作日程对个体家庭生活的负性效应。具体地，当个体拥有高水平的工作日程灵活性时，非标准化工作日程对个体家庭生活质量的负向效应会被减弱。并且，这种个体拥有的工作日程灵活性对非标准化工作日程负性效应的缓冲作用，在女性员工身上更为明显（Staines & Pleck，1986）。然而，尽管如此，早期研究还只是将体现个体自主性的工作日程控制当作组织主导的工作日程控制与组织结果关系中的一个边界条件，而不是能够对组织结果产生独立影响的一个预测因素（Fenwick & Tausig，2001）。

20 世纪 90 年代后，随着组织对个体的主动性越来越强调（Crant，2000），个体自由决定的工作日程控制也得到了越来越多的重视。首先，在传统组织主导的非常规工作时间较常出现的职业群体（如护士）中，出现了对个体主动进行工作日程控制的研究。例如，Barton 在其对英国英格兰与威尔士地区的医院护士的研究中，发现自愿选择在夜班工作的护士患心血管疾病的概率比没有自主选择夜班的护士更低（Barton，1994）。其次，学者们开始跳出传统的非标准工作日程集中的职业群体，开始关注更加广泛的职业范围。能够这么做的一个重要理论基础，就是学者们开始将工作日程控制放到了工作要求－控制理论（Karasek，1979）的框架下进行探讨，将工作日程控制看作工作灵活性及工作控制的一种类型。

首先，时间控制可以看作员工工作灵活性的关键成分之一。所谓员工工作灵活性，指的是员工拥有选择其工作的开始时间、持续时间以及工作地点的能力（Hill et al.，2008）。员工的时间控制即是员工在工作时间上的灵活性。其次，从更高的理论层面上来讲，工作日程控制可以归属为工作要求－控制模型中的工作控制构念（Karasek，1979）。所谓工作控制，指的是个体在工作任务上拥有的自主性和自由度。而工作日程控制，就是工作时间和地点等方面的自主性，是工作控制在工作日程上的具体体现。

工作要求－控制模型包括两个核心成分，即工作要求和工作控制。所谓工

第二章 环境因素：工作日程控制与工作家庭冲突的关系研究

作要求，指的是需要个体在工作中的物理、社会或组织方面付出持续的物理和心理努力成本（Demerouti, Bakker, Nachreiner, & Schaufeli, 2001）。工作要求的概念范围在 Karasek（1979）的最初模型中以工作特征为主，如工作任务过载、时间压力等。但是后来的研究者们将工作要求的外延拓展，将工作特征之外的一些环境特征，例如情绪要求以及工作家庭冲突等也纳入了工作要求的概念范围内（Schaufeli, Bakker, & Van Rhenen, 2009）。工作要求可以导致个体的压力感以及健康问题。根据 Hockey（1997）的补偿调节 – 控制模型，当个体在面对压力时，将权衡是否要投入他们的心智努力去保证他们的绩效目标得以完成。当工作要求上升时，如工作任务负荷更重、时间压力更紧、情绪要求更多、家庭与工作冲突更大时，个体就将不仅仅要面对权衡自己的努力去保证绩效水平，还需要投入额外的努力去应对增加的工作要求。这种额外补充的努力带来了个体生理与心理上的成本，将会导致个体的疲劳或易怒等不良后果。持续不断的补偿努力将会最终导致个体的工作倦怠和健康问题，最终导致缺勤状况发生。与工作要求相对应的成分是工作控制。工作控制也称为工作自主性，指的是个体在工作中所拥有的做什么、什么时候做以及如何做的自由（Karasek, 1979）。拥有高水平工作控制的个体，首先在一定程度上可以根据自己的需要来设置任务目标，根据自我决定理论（Ryan & Deci, 2000），可以让个体拥有更高的工作动机。其次，个体可以拥有更高水平的工作日程控制，可以更自由地根据自己的日程来安排工作任务，从而避免因为工作任务冲突等原因带来的工作压力。

因此，根据工作要求 – 控制模型（Karasek, 1979），作为工作控制的一种类型，工作日程控制具有提升个体工作动机，降低工作压力的效应。除此之外，工作日程控制相比一般的工作控制，还有其特殊性。一般意义上的工作控制体现的是个体对于工作的内容、方向等的自主决定的能力，而工作日程控制的内容则是工作时间。相比一般的工作控制，工作日程控制与体现了个体对工作中更加临时、变化更快的一些参数的控制能力（Jacobs & Gerson, 2005）。一般来说，工作日程控制被发现与积极的个人与组织结果有关（e.g., Golden, 2008），但也有研究发现工作日程控制可以导致工作与家庭界限的模糊，从而带来更高水平的工作家庭冲突（Schieman & Young, 2010）。

2.1.2 家庭时间充裕度

家庭时间充裕度的定义与理论

时间是一种"零和"资源，在一个领域的时间充足，就意味着在另一个领域的时间相对不足（Lee et al.，2015）。而个体知觉到的是否拥有足够的时间进行活动的程度，就被称之为知觉时间充裕度（Hill, Tranby, Kelly, & Moen, 2013）。知觉时间充裕度的反面被称之为知觉时间挤压度。知觉时间充裕度可以用两种方式来进行衡量，一种方式是对人生的重要领域的时间充裕度进行平均，即考察跨领域的个体知觉时间充裕度（Moen, Kelly, & Lam, 2013）。另一种方式则是针对不同的人生领域考察每个领域内的时间充裕度（Dunst & Leet, 1987），例如工作领域与家庭领域的时间充裕度。作为人生最重要的两个领域，个体在工作领域与家庭领域也同样共用作为零和资源的时间。一项在美国的调查显示，三分之二的在职员工感觉自己缺乏时间陪伴自己的伴侣，一半的在职员工感觉自己缺乏时间陪伴自己的孩子（Milkie, Mattingly, Nomaguchi, Bianchi, & Robinson, 2004）。虽然近年来组织已经通过各种方式来安排灵活的工作日程，并给予员工在工作日程上越来越多的自主性（Hill et al., 2013），但是组织首先依然是一个占有员工固定时间资源的人生领域（Moen & Roehling, 2005），家庭时间仍然在整体时间量上被挤压。其次，组织给予员工的时间灵活性在一定程度上还模糊了工作家庭界限，可能导致原本的家庭时间也被工作侵占（Schieman & Young, 2010）。因此，家庭时间的充裕度就越来越成为一个严峻的问题。

从更高的理论角度来看，家庭时间充裕度作为个体知觉到自己拥有足够时间可以陪伴家人的控制感（Van Horn et al., 2001），也可以看作工作要求-控制模型（Karasek, 1979）拓展到家庭领域后一种家庭时间上的控制，与前文所述的工作日程控制类似。与时间控制对应的概念是时间要求。一种典型的时间要求是加班等过量的工作日程（Beckers et al., 2008）。组织中员工的工作时间从1970年以来呈现逐年递增的态势（Schor, 1991）。超过合同规定工作时间以外的加班工作已经成为全世界范围内的普遍现象（Brett & Stroh, 2003; Merllie & Paoli, 2000; McCann et al., 2007）。加班工作不仅对员工的生理健康

第二章 环境因素：工作日程控制与工作家庭冲突的关系研究

有不良的影响（Dembe, 2005; Taris et al., 2011; Van der Hulst, 2003），如导致更多的疲惫（Harrington et al., 1994）和伤害事故等（Dembe, 2005），还会损害员工的心理健康，导致工作倦怠（van der Hulst & Geurts, 2001）、焦虑和抑郁等一系列问题（Kleppa et al., 2008）。另一种典型的工作时间要求则是心理社会上的时间压力，如知觉到的工作任务期限等（Dugan, Matthews, & Barnes - Farrell, 2012）。相比过量的工作日程而言，这种时间压力感对健康的不利影响可能更大。例如，Dguan 等（2012）在其研究中发现，知觉到的工作时间压力对个体报告的身体健康状况会产生间接的不利影响，而其工作的时间长度对身体健康状况的影响则较弱。总之，工作时间要求与工作与工作时间控制一起，构成了拓展的工作要求 - 控制二元结构在时间控制上的子类。

如前所述，知觉家庭时间充裕度与知觉工作日程控制一起，都可以看作时间控制的一种类型。相比知觉工作日程控制，知觉家庭时间充裕度还可以看作一种工作资源。根据资源保存理论（Hobfoll, 1989），人们会努力保持、保护以及积累自身的资源，以应对外界环境中对其资源的现实的或可能的威胁、剥夺或者过量的资源要求。当遇到外来的资源压力源时，个体倾向于最小化其资源损失。而当没有外界威胁或压力存在时，个体倾向于积累其个人资源，以便应对未来可能有的资源损失。在 Hobfoll（1989）的定义中，个人的资源可以分为四类，分别是个人条件，如工作或婚姻等；个人能量，如时间、知识等；个人特质，如自尊、自我效能感等；以及物理资源，如房产等。个人知觉到的家庭时间充裕度就可以看作个体在家庭领域中拥有的个人能量资源之一（Lee et al., 2015），用于应对个体遇到的现实的或可能的时间上的压力源或者时间要求。

家庭时间充裕度的测量

Dunst 与 Leet 在 1987 年开发出了家庭资源量表，用于测量有子女的家庭里拥有资源的充裕程度，这些资源可以分为食物、住所、财政资源、交通资源、时间资源、健康医疗资源等类型（Dunst & Leet, 1987）。其中的时间资源维度里，Dunst 与 Leet 列出了个体拥有的独处时间、与全家人在一起的时间、与子女相处的时间、与伴侣或亲密朋友相处的时间等（Dunst & Leet, 1987），相对较全面地考察了个体在家庭时间资源方面的自我评价，成为测量知觉家庭时间充裕度的初步工具。其后，Van Horn、Bellis 以及 Snyder 在 2001 年对家庭资源量表进行了修订，经过探索性因素分析后，家庭资源量表呈现出四因素的结构，分别是基本需要、金钱、给自己的时间以及给家庭的时间（Van Horn et al.，2001）。给家庭的时间维度包括 7 个条目，分别考察个体在家庭中是否有充足的时间用于陪伴伴侣、子女、和全家在一起、带领子女去学校或医院、照顾其他家庭成员的需要等。Van Horn 等对家庭资源量表的修订进一步明确了给家庭的时间作为家庭资源的一个独立且重要的维度。其后的研究者所用于测量家庭时间充裕度的条目来源一般都是经过此次修订后的家庭资源量表的家庭时间维度（Van Horn et al.，2001）。

家庭时间充裕度作为预测变量

目前学界对知觉到的家庭时间充裕度的研究主要集中在将其作为个体知觉到的一个家庭环境特征，探讨其对个体及家庭、组织结果的影响，而对其前因机制则探讨相对较少。典型的研究如 Moen、Kelly 和 Lam（2013）。该研究结果首先显示，员工知觉的家庭时间充裕度与个体的自评健康状态、能量水平、心理幸福感、对工作的掌控程度都呈正相关，而与个体的身体症状、情绪耗竭以及心理痛苦等都呈负相关，显示出当员工知觉到自己有宽裕的时间陪伴家人时，其个人的生理以及心理状态都会相对积极。其次，在一个干预研究中，研究者发现仅有结果的工作环境干预可以有效影响个体的知觉家庭时间充裕度。所谓仅有结果的工作环境，指的是一种将任务考核标准仅仅聚焦在任务结果，而不是任务所需时间上的工作环境。仅有工作结果的工作环境干预就是把对员工的绩效考核改为结果导向而非时间导向。结果发现，仅有工作结果的工作环境干预有效提升了个体知觉到的家庭时间充裕度（Moen et al.，2013）。

2.1.3 情绪耗竭

情绪耗竭的定义与理论

情绪耗竭（Emotional exhaustion）是工作倦怠中最为中心的一个维度（Leiter，Maslach，& Schaufeli，2001）。在个体帮助他人、服务他人的过程中，过量的心理与情绪的要求会剥夺个体有限的情绪资源，从而导致其情绪资源的干涸。耗竭（Exhaustion）的用法显示了情绪状态是从高度唤醒逐步消耗的过程，

第二章 环境因素：工作日程控制与工作家庭冲突的关系研究

这个过程需要个体在工作过程中的高度投入才能实现。如果是从事较为无聊的工作，个体对工作的投入程度较低，那么耗竭的过程便不会成立。

工作倦怠（Burnout）的概念由 Freudenberger 于 1974 年首先在科学领域中使用（Freudenberger，1974）。作为一位临床心理学家，Freudenberger 在其著作《Staff Burn-out》中关注了包括他自己本人在内的、涉及自由诊所和宾馆等组织中的员工的压力反应，并引用了通俗用语里描述长期过量用药后效应的词——倦怠——来形容情绪消耗以及动机与承诺下降的体验。其后，社会心理学家 Maslach（1976）针对服务行业的从业者进行了大范围的访谈，在其后的很长一段时间内，工作倦怠的研究对象都集中在服务行业，包括社会工作者、教师、律师、医生、护士、警察等需要大量跟他人接触，满足他人各方面求助需求的人群（Maslach，1982）。服务行业中工作的核心是服务提供者与服务接受者的关系。这就决定了，首先，工作倦怠研究的并不仅仅是个体自身面对工作情境的压力反应，而是在工作场合的人际互动中研究个体与他人的关系。其次，工作倦怠研究的并不仅仅是个体的情绪，还包括了在个体与服务对象互动过程中的动机和价值观。最早的工作倦怠研究便是由上述的临床心理学视角与社会心理学视角发端，通过面试、案例研究以及现场观察等质性研究方式来对工作倦怠进行探讨。其中，临床心理学视角偏重描述工作倦怠的症状，以及其在心理健康方面的影响，而社会心理学视角则偏重在服务行业的情境中关注服务者与服务对象的互动关系。

通过大量的访谈工作，Maslach 等发现，作为反映人们面对工作压力源产生的一种心理症状，工作倦怠的主要成分包括三个维度，分别是情绪耗竭、去个性化以及低自我效能感（Jackson, Schwab, & Schuler, 1986；Maslach，1982）。通过访谈得出的工作倦怠的第一个维度就是情绪耗竭。第二个维度为去个性化，也是通过访谈确定的工作倦怠的成分。最初的定义指的是服务行业中的个体对服务对象进行非人性化的对待，例如通过给服务对象贴物化标签（如客户的号码）等方式把服务对象当作"物体"而不是人。在这个过程中，个体通过情绪上与服务对象保持距离的方式降低了自己对服务对象的共情，从而保护自己不至于因为过度的情绪唤醒影响到工作质量。换句话说，与情绪耗竭不同，去个性化通过物化服务对象的方式减少了个体在服务工作过程中，尤其是较为危急的情形下可能的情绪唤醒，从而减少个体的情绪资源的损耗。因此，适当水平的去个性化对保证个体的情绪资源以及实现有效的绩效有所帮助（Lief & Fox, 1963）。然而，高水平的去个性化则会导致个体出现心理脱离的状态，从而失去对服务对象的关注，导致绩效受到负面影响。这种对服务对象麻木不关心、去个性化的状态也被称为玩世不恭。最后一个维度为低个人成就感，即个体对自己工作成就的负性自我评价（Schaufeli, Maslach, & Marek, 1993）。低个人成就动机的概念最早来自习得性无助的研究。当个体处在一种无论如何重复地努力总是无法达到积极结果时，就会出现压力感。而进一步，当个体不再相信自己的行为可以改变结果，出现积极结果时，习得性无助出现，个体将不再试图进行新的尝试。此时个体对自身能力的评价就是低成就感的体现。

像有些其他包括多个维度的概念一样，情绪耗竭、去个性化以及低自我成就感三个维度也是彼此相关，但是又彼此区别。首先，情绪耗竭、去个性化以及低自我成就感在理论上共享一个共同的前因机制，即工作中过量或过高的要求。同时，三者又相互区分，即分别体现出对工作状况的压力反应的不同方面。例如，三个维度之间的关系亲疏不同，情绪耗竭与去个性化彼此之间的相关要高于两者与低自我能力感之间的相关（Lee & Ashforth, 1996）。有研究者认为，情绪耗竭与去个性化（或玩世不恭）是工作倦怠最核心的成分（Demerouti et al., 2001），而其中情绪耗竭被认为是更核心的成分（Shirom, 1989）。其后，Maslach 等（Leiter et al., 2001）重新将工作倦怠定义为对于工作中长期的情绪与人际压力源的持续的反应。同时，他们还对工作倦怠的维度进行了修订，新的三个维度包括情绪耗竭（Emotional exhaustion），玩世不恭（Cynicism），与低自我效能感（Sense of inefficacy），其中玩世不恭对应的即是原有的去个性化维度，而低自我效能感对应的即是原有的低个人成就动机维度。

在纵向上，情绪耗竭与去个性化以及自我效能感上也有一个随着时间逐渐积累的过程（Schaufeli & Peeters, 2000），即其三个维度存在时间上的顺序性。首先，如果个体可获得的资源以及其资源需求的不平衡，尤其是当需求多于资源时，就会产生资源耗竭。如在服务行业中，员工与客户关系中的情绪需求

第二章 环境因素：工作日程控制与工作家庭冲突的关系研究

（即员工需要对客户表达特定的情绪）如果超过员工自身所拥有的情绪资源，这样个体的情绪资源就会逐渐消耗，最终导致情绪耗竭。当个体处于情绪耗竭状态时，没有足够的情绪资源来应对客户或工作。为了降低自身的情绪消耗，个体就可能用一种与客户保持距离的消极敷衍的态度或行为来处理，以保护自身的情绪资源，这种不合适的态度与行为就是玩世不恭。但玩世不恭的态度或行为不仅不能减少情绪资源损耗和压力，反而会增加它们，因为它破坏了员工与客户之间的关系。员工将会在自己的工作中缺乏效能感和成就感，从而产生自我怀疑，这种感觉即低自我效能感。

然而，经典的工作倦怠的定义将可能出现上述情绪耗竭、去个性化以及低自我成就感的人群限定在"与人打交道"的职业人群中。而对于其他行业，包括处理事情以及处理信息的行业中，是否会有工作倦怠，Maslach 等研究者最初并未涉及（Maslach，1982）。Demerouti 等人在 2001 年指出，工作倦怠不仅存在于服务行业，也存在于更广泛的职业群体中。首先，情绪耗竭与前人研究中的压力反应具有概念上的重合性，并且工作任务过载、角色冲突等一般工作压力源对情绪耗竭的影响甚至强于客户问题等单纯情绪压力源对情绪耗竭的影响（Schaufeli & Enzmann，1998）。其次，去个性化维度的心理脱离除了在服务他人的过程中出现外，也可能出现在一些处理事务或者信息的工作中。如疏离等负面情境也与服务行业类似地在非服务行业的人群中出现（Karger，1981）。例外的是对于第三个维度，即低自我能力感。低自我能力感维度体现了个体对自身能力是否顺利完成任务的负面评价。与情绪耗竭以及去个性化不同，低自我能力感在一些学者看来并非是工作倦怠的核心成分（Green，Walkey，& Taylor，1991），它与一些重要组织结果变量的关系也没有情绪耗竭以及去个性化强（Lee & Ashforth，1996；Schaufeli & Enzmann，1998）。从这个角度出发，有研究者认为低自我能力感是工作倦怠核心成分的一个结果（Shirom，1989），或者是一个类似自我效能感的人格特质（Lee & Ashforth，1990）。因此，Demerouti 等研究者根据上述分析，将情绪耗竭与去个性化维度作为工作倦怠的两个核心成分，并据此提出了工作倦怠的工作要求－资源模型（Job demands－resources model，JDR；Demerouti et al.，2001）。

所谓工作要求，指的是工作中一些物理的、社会的或者组织的成分。这些工作成分需要个体付出物理或心理的努力，从而会消耗个体有限的物理或心理资源，从而造成耗竭等结果。工作资源指的是工作中另一些物理的、社会的或组织的成分。这些成分要么可以帮助个体完成工作目标，要么可以帮助个体降低因为工作要求带来的资源消耗，要么可以促进个体的成长与发展（Demerouti et al., 2001）。工作要求－资源模型的核心假设之一即是，工作倦怠的产生与行业无关。只要当工作要求过高，而工作资源不足时，这种负面的工作环境就会导致个体能量的消耗以及动机的损耗，这时候，工作倦怠就产生了。这个定义从工作倦怠的前因机制出发，超越了前人从服务过程中情绪消耗与能力估计来定义工作倦怠的角度，更深入地触及了工作倦怠的内在本质。这个假设其实暗合了最早的工作倦怠的词源，即 Green 在其 1961 年的小说《一个工作倦怠的案例》（*A Burn - Out Case*）中描述的是一位精神倦怠的建筑师辞去了自己的工作而投身非洲雨林中。在这个案例中，倦怠的主人公的职业也并非主要与人打交道的服务业。只是后来的 Maslach 等研究者将其引入学界后对工作倦怠的适用范围进行了限定（Maslach, 1976）。工作要求－资源模型对倦怠的重新定义，释放并扩大了它的效用范围（Bakker & Demerouti, 2007）。

情绪耗竭的测量

在所有测量工作倦怠的测量工具中，Maslach 工作倦怠问卷（Maslach Burnout Inventory, MBI; Maslach & Jackson, 1986）是使用最为广泛的一个。MBI 最开始的版本仅仅用于服务行业，后来又陆续开发了针对教师等行业的版本。1996 年，Schaufeli 等开发了工作倦怠问卷的通用版本（Maslach Burnout Inventory - Gerneral Survey, MBI - GS），适合广泛的职业人群（Schaufeli, Leiter, Maslach, & Jackson, 1996）。MBI - GS 包括 16 个条目，分为情绪耗竭、玩世不恭与低自我效能感三个维度。不过，相当一部分的研究者在测量工作倦怠时并不测量全部三个维度，而是将情绪耗竭与玩世不恭这两个核心成分（Demerouti et al., 2001）作为工作倦怠的代表（e.g., González - Romá, Schaufeli, Bakker, & Lloret, 2006; Peeters, Montgomery, Bakker, & Schaufeli, 2005），还有研究者直接使用工作倦怠最核心的成分情绪耗竭（Shirom, 1989）作为工作倦怠的代表（Van den Broeck, Vansteenkiste, De Witte, & Lens, 2008）。

第二章 环境因素：工作日程控制与工作家庭冲突的关系研究

情绪耗竭的影响因素与结果

作为工作倦怠的核心成分，情绪耗竭可以看作工作压力的一种（Schaufeli, Leiter, & Maslach, 2008），对于组织中的个人与工作结果会产生诸多不利的影响。首先，情绪耗竭还会导致组织情境中个体与组织的一系列负面结果。例如，高水平的情绪耗竭可以导致员工绩效的下降（Witt, Andrews, & Carlson, 2004; Wright & Cropanzano, 1998）、离职行为的上升（Wright & Cropanzano, 1998）、工作家庭冲突水平的上升（Greenbaum, Quade, Mawritz, Kim, & Crosby, 2014）。

因为包括情绪耗竭在内的工作倦怠对个人和组织的严重负面影响，探明组织中情绪耗竭的成因机制，就变得极为迫切。针对情绪耗竭的影响因素，笔者根据工作要求－资源模型，分别从工作要求与工作资源两个方面来进行分析。首先，组织中的工作要求会给个体带来更高水平的情绪耗竭。例如，角色压力源（包括任务过载、角色模糊与角色冲突）可以导致个体情绪耗竭的上升（R. T. Lee & Ashforth, 1996）。工作不安全感同样会对情绪耗竭产生提升的效果（Piccoli & De Witte, 2015）。类似地，辱虐式管理、客户的不道德行为等人际的工作要求，也会给个体带来更多的情绪耗竭（Greenbaum et al., 2014; Wheeler, Halbesleben, & Whitman, 2013; Wu & Hu, 2009）。此外，工作家庭冲突也会导致个体情绪耗竭的增加（Liu et al., 2015）。相反，工作角色的清晰则可以有效降低情绪耗竭（Lee & Ashforth, 1996）。

相比大部分工作要求对情绪耗竭的正性效应，资源的提供则会给情绪耗竭带来有效的缓解效应。例如，来自领导以及同事的支持以及团队的凝聚力都可以降低组织成员的情绪耗竭，而工作上的创新性与参与度也可以起到类似的效果（Lee & Ashforth, 1996）。此外，来自组织层面的资源，如分配公平，也可以起到降低个体情绪耗竭的作用（Martínez-Íñigo & Totterdell, 2016）。个体的资源，如情绪调节的能力，同样可以对缓解情绪耗竭起到积极的作用（Martínez-Íñigo & Totterdell, 2016）。相反，工作资源的减少，可以导致个体情绪耗竭的提升。例如，有学者发现，强制的无薪休假会导致个体更高的情绪耗竭水平和更低的绩效水平（Halbesleben, Wheeler, & Paustian-Underdahl, 2013）。

2.2 问题提出与研究假设

2.2.1 问题提出

因为工作家庭冲突给组织与个人带来的负面结果（Frone et al., 1992a），组织采取了各种举措，如灵活的工作日程等来给予员工在工作上更多的控制，以降低他们的工作家庭冲突（Glass & Fujimoto, 1995; Thomas & Ganster, 1995）。然而，相比其他类型的工作控制，如决策自主性与技能的自由裁量等（Karasek, 1979b; Van der Doef & Maes, 1999），工作日程控制得到的关注和研究仍然相对较少（Kelly & Moen, 2007）。例如，工作日程控制与一些重要的组织结果变量之间的关系，如与情绪耗竭的关系，目前仍然未见于文献。

此外，尽管有少数横截面研究对于工作日程控制与工作家庭冲突间的关系进行了探讨，发现了两者之间的负向关系（Beutell, 2010; Hughes & Parkes, 2007; Lapierre & Allen, 2012）。然而，我们仍然不清楚工作日程控制是如何负向影响工作家庭冲突的，也不清楚工作日程控制与工作家庭冲突之间的关系如何影响情绪耗竭或者受到情绪耗竭的影响。相比个体拥有的"如何"工作的控制，他们对于"何时"以及"在哪儿"工作的控制对于个体以及组织结果都同样重要，此方面研究的缺乏就造成了理论与实践上的一个空白。

基于资源视角（Grzywacz & Marks, 2000; ten Brummelhuis & Bakker, 2012）和工作要求-资源模型（Bakker & Demerouti, 2007），笔者提出一个双向的中介模型，联结起工作日程控制、工作家庭冲突与情绪耗竭。首先，笔者预期工作日程控制将通过工作家庭冲突来影响情绪耗竭。此外，笔者预期工作日程控制还将通过情绪耗竭来影响工作家庭冲突。在此基础上，个体所拥有的家庭时间充裕度将在工作日程控制与情绪耗竭的关系中间起到调节作用。家庭时间充裕度即个体可以用于家庭领域角色的时间（Van Horn et al., 2001），笔者预期，在高水平的家庭可用时间下，高水平的工作日程控制对个体的效应才更明显，带来更低水平的情绪耗竭与更低水平的工作家庭冲突。

通过工作日程控制与工作家庭冲突关系的探索，本研究期望对工作要求-

第二章 环境因素：工作日程控制与工作家庭冲突的关系研究

资源模型（Job demands – resources model；Bakker & Demerouti，2007）、工作家庭冲突以及情绪耗竭的文献作出至少三点贡献。首先，通过假设的双向中介模型，本研究不仅解释了情绪耗竭与工作家庭冲突之间的双向关系，还厘清了工作日程控制、情绪耗竭与工作家庭冲突之间的通路。其次，家庭时间充裕度的加入，不仅对上述通路提供了一个关键的边界条件，还使得工作控制与工作家庭的关系探讨跳出组织，跨入更为宽广的工作 – 家庭领域。最后，本研究的发现可以给组织提供一个清晰的信号，即个体对于工作的控制以及对于家庭时间的控制都会对个体的组织结果起到重要作用，组织应该将提升员工效能的视野拓展到组织之外。

2.2.2 工作日程控制，情绪耗竭与工作家庭冲突：一个双向中介

相比与真实的工作日程，工作日程控制更多体现的是员工对于他们对其工作日程安排所知觉到的控制感（Fenwick & Tausig，2001）。基于资源视角（Resource perspective；Grzywacz & Marks，2000；ten Brummelhuis & Bakker，2012）与工作要求 – 资源模型（Bakker & Demerouti，2007），笔者认为工作日程控制、工作家庭冲突与情绪耗竭之间具有一个双向的关系。具体地，工作日程控制不仅可以通过降低员工的情绪耗竭来对员工的工作家庭冲突产生负向影响，还可以通过降低员工的工作家庭冲突来对员工的情绪耗竭产生负向影响。工作要求 – 资源模型的核心理念是，在个体经历高水平的工作要求，或者得到低水平的工作资源时，其将会经历心理与生理上的压力感（Bakker & Demerouti，2007）。工作日程可以看作一种组织强制加给员工的工作要求（Beutell，2010）。而相反，工作日程控制可以让员工拥有何时工作以及在哪里工作的自由（Fenwick & Tausig，2001），因此可以被看作组织给员工提供的自主性。换言之，工作日程控制可以被看作一种工作资源，让个体可以自由和有效地分配其时间资源和精力资源。因此，我们认为，如果员工拥有高水平的工作日程控制，他们可能会体验到更低水平的工作要求和更高水平的工作资源。因此，他们经历的工作压力水平也会更低。基于此，员工的情绪耗竭，作为一种心理压力（Maslach & Jackson，1981），也会相应降低。因此，笔者假设：

假设1：工作日程控制与情绪耗竭呈负向关系。

基于资源分配理论（Resources allocation theory；Grzywacz & Marks，2000）与资源保存理论（Conservation of resource theory；Hobfoll，1989），ten Brummelhuis 与 Bakker（2012）在工作家庭关系领域发展了一个基于资源的模型，即工作家庭资源模型（Work–home resources model）。工作家庭资源模型解释了个体资源是如何在工作与家庭领域之间流动的。基于工作-家庭资源模型（ten Brummelhuis & Bakker，2012），一方面，在一个人生领域的资源缺失可能会导致另一个人生领域的资源不足。这个现象可以称为损失循环。另一方面，在一个领域的资源的充足供应也可能为另一个领域提供充分的资源。这个现象可以称为收益循环。因此，在工作领域的充足的资源供应，将不仅仅可以减少家庭领域的资源消耗，还可能溢出到家庭领域以及供应家庭角色内行为的需要（Grzywacz & Marks，2000；ten Brummelhuis & Bakker，2012）。因此，高水平的工作日程控制可以帮助个体降低工作家庭冲突。因此，笔者假设：

假设2：工作日程控制与工作家庭冲突呈负向关系。

资源视角认为个体在工作与家庭生活领域都只拥有优先的个人资源，且低效的资源分配将会带来心理压力（Grzywacz & Marks，2000）。基于工作的要求-资源模型（Bakker & Demerouti，2007），情绪耗竭可以被看作高要求和低资源情境导致的结果。而工作家庭冲突则是个体资源（如时间）不足的指标（Greenhaus & Beutell，1985）。因此，我们可以逾期，在高水平的工作家庭冲突下，个体的情绪耗竭也会升高。此外，情绪耗竭同样可能是资源剥夺的前因变量。这是因为，个体为了应对情绪耗竭，需要消耗他们有限的资源（Schaufeli & Bakker，2004）。这将可能带来一个恶性循环，导致个体将缺乏足够的资源供应给家庭，从而导致高水平的工作家庭冲突。结合上述推理，笔者认为工作家庭冲突与情绪耗竭存在着双向关系。因此，笔者假设：

假设3：工作家庭冲突与情绪耗竭存在着正向的双向关系。

总结上述推理，工作日程控制可以被看作是一种工作资源的形式，帮助员工更好地管理他们的个人时间资源，更好地保留资源给家庭，从而带来更低水平的工作家庭冲突。同时，工作日程控制同样可以帮助个体获得公制感，从而降低他们的工作压力感，最终带来更低水平的情绪耗竭。在低水平的情绪耗竭下,个体用于应对情绪耗竭的资源消耗就更少。因此,更多的资源被节省下来可以用于家庭领域,从而降低可能的工作家庭冲突。因此,笔者预期:

假设4:工作家庭冲突中介了工作日程控制与情绪耗竭之间的负向关系,同时情绪耗竭也中介了工作日程控制与工作家庭冲突之间的负向关系。

2.2.3 工作日程控制、情绪耗竭与工作家庭冲突关系中家庭时间充裕度的调节作用

结合工作家庭资源模型与工作要求-资源模型,我们可以合理推论来自家庭的需求与资源,如家庭时间充裕度,也可能在工作日程控制、情绪耗竭与工作家庭冲突的关系中发挥影响。家庭时间充裕度指的是个体知觉到的可以用于家庭领域的时间资源(Van Horn et al., 2001)。家庭时间充裕度作为一种家庭资源,与工作日程控制一起,分别代表了工作与家庭领域个体资源的两个组成部分。基于工作家庭资源模型(ten Brummelhuis & Bakker, 2012),在一个领域足够的资源不仅可以降低另一个领域资源的消耗程度,还可以为另一个领域生产资源。因此,拥有足够家庭时间充裕度的员工不仅拥有足够的家庭时间资源,还可以在已经有的工作控制之外,为工作领域提供额外的资源。

因为高水平的工作日程控制可以降低家庭资源的消耗程度,并且降低工作家庭冲突,高水平的家庭时间充裕度将可以强化工作日程控制与工作家庭冲突时间的负向关系,不管是从工作还是从家庭的角度。一方面,高水平的家庭时间充裕度代表着充足的家庭资源。这种充足的家庭资源可以帮助提升整个家庭资源的水平,降低家庭资源消耗的可能。另一方面,这种家庭资源同样可以溢出到工作领域,并且提升整个工作领域的资源水平,从而降低因为工作资源不足、占用家庭资源而导致的工作家庭冲突。换句话说,高水平的家庭时间充裕度将会放大工作日程控制与工作家庭冲突之间的负向关系。

而与之相反,当个体拥有低水平的家庭时间充裕度时,他们将没有足够多的家庭资源用于家庭领域。因此,基于工作家庭资源模型(ten Brummelhuis & Bakker, 2012),他们更可能会过度消耗其有限的资源,特别是本来应该用于工作场合的资源。这样就会导致工作家庭冲突的产生。因此,在个体拥有低水平的家庭时间充裕度时,虽然他们的工作日程控制水平很高,他们因此产生低

水平的工作家庭冲突的可能性也会降低。基于之前推理中提到工作家庭冲突中介了工作日程控制与情绪耗竭之间的关系，笔者预期家庭可用性作为一种家庭资源，会调节工作日程控制经由工作家庭冲突至情绪耗竭的中介关系。因此，笔者预期：

假设5：家庭时间充裕度调节了工作日程控制与情绪耗竭之间经过工作家庭冲突的中介作用。具体地，当家庭时间充裕度更高时，工作日程控制与工作家庭冲突之间的负相关越强。

此外，因为工作资源可以带来更低水平的工作压力，比如情绪耗竭，那么可以推理出拥有高家庭时间充裕度的员工，即拥有更多家庭资源的员工，更少可能会过度消耗他们的工作资源。因此，他们相比那些拥有更低水平家庭时间充裕度的员工，在获得工作控制感后情绪耗竭下降的程度将会更甚。换句话说，家庭时间充裕度将强化工作日程控制与情绪耗竭之间的负相关。而相反，如果员工拥有低水平的家庭时间充裕度，他们将不会拥有充足的家庭资源。因此，相比拥有高家庭时间充裕度的员工，他们将更有可能消耗工作资源用来补偿家庭，从而感知到更少的工作可用资源。基于资源与压力之间的负向关系，相比拥有高水平家庭时间充裕度的员工来说，拥有低水平家庭时间充裕度的员工在工作控制感较低时更可能拥有高水平的情绪耗竭。因此，笔者预期：

假设6：家庭时间充裕度调节了工作日程控制与工作家庭冲突之间经由情绪耗竭的中介作用。具体地，工作日程控制与情绪耗竭之间的负相关在家庭时间充裕度更高时更强。

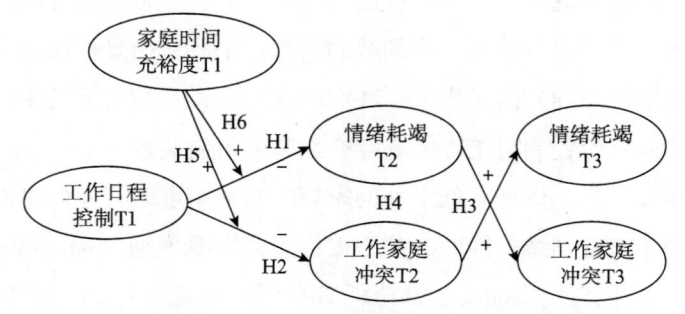

图2 工作日程控制、情绪耗竭与工作家庭冲突之间的双向中介作用，以及家庭时间充裕度的调节作用

2.3 方法

2.3.1 研究样本与研究程序

在本研究中,数据来自一个大规模的公共数据库,称为工作、家庭与健康数据库(Work, Family, and Health Study; WFHS, Bray et al., 2013)。参与者来自14个扩展健康服务公司。每周在病人服务一线白班或夜班工作时间22小时及以上的员工参加了本次研究。在基线时间,799名员工报告了他们的工作日程控制与家庭时间充裕度。在6个月之后的时间点2,员工报告了情绪耗竭与工作家庭冲突。又6个月之后的时间点3,员工再次报告其情绪耗竭与工作家庭冲突水平。在799名员工中,563人(反应率=70.64%)完成了所有三次测量。563名被试的平均年龄是39.88岁(SD=12.19),90.6%的员工为女性,32.3%拥有高中学历,13%拥有本科以上学历。

2.3.2 测量

工作日程控制(Schedule control)。工作日程控制的测量采用的是Thomas与Ganster(1995)开发的14条目控制量表。其中8个条目反映的是对工作时间的控制感。员工被邀请去回忆他们在工作场合中对时间的控制感,并据此在李克特5点计分量表上回答问题(1=非常不同意,2=不同意,3=不清楚,4=同意,5=非常同意)。一个例题为"在选择度假或休假时你有多少选择的权力或自由?"。工作日程控制的内部一致性系数Cronbach's α 为.66。

家庭时间充裕度(Family time adequacy)。家庭时间充裕度使用7条目的家庭资源量表修订版来测量(Family Resource Scale – Revised, FRS; Van Horn et al., 2001)。原始的家庭资源量表修订版拥有30个条目,测量的是一个家庭成员对其拥有的家庭资源的感知。员工被要求在李克特5点计分量表(1=非常不足,2=不足,3=不清楚,4=充足,5=非常充足)评价其家庭时间的可用性。一个例题是:"你在多大程度上有足够的时间去照顾其他家庭成员(伴侣、父母等)的需要?"。量表的内部一致性系数Cronbach's α 是.67。

情绪耗竭(Emotional exhaustion)。情绪耗竭使用了Maslach工作倦怠量表中的情绪耗竭维度来进行测量（Schaufeli et al., 1996）。该维度包括3个条目。要求被试对他们的工作在7点计分的利克特量表上进行评价（1 = 从没有，至7 = 每天）。一个例题为："在工作中你感觉到情绪被耗竭了。你有多经常产生这样的感受？"。量表的内部一致性系数 Cronbach's α 是 .89。

工作家庭冲突（Work – family conflict）。工作家庭冲突采用了 Netemeyer 与 Bole（Netemeyer et al., 1996a）的工作家庭冲突量表进行测量。该量表有5个条目。员工被要求回忆他们过去6个月的工作，并据此在李克特5点计分量表上回答问题（1 = 非常不同意，2 = 不同意，3 = 不清楚，4 = 同意，5 = 非常同意）。一个例题为"工作上的要求对你的家庭或者个人的时间产生了干扰"。量表的内部一致性系数 Cronbach's α 是 .90。

控制变量。员工的性别、年龄在本研究中被控制。性别与年龄都被发现可能会与员工的工作家庭冲突相关（Michel et al., 2011）。此外，我们还控制了员工的睡眠时间，因为有研究发现时间充分的、高质量的睡眠是个体用来应对工作任务的非常重要的个体资源（Diestel, Rivkin, & Schmidt, 2015）。睡眠时间在时间点1测量，使用的是个体的自我报告。具体方式为询问员工平均每天睡眠时间为多少小时。员工以小时数进行回答。

2.4 结果

2.4.1 初步分析

因为本研究涉及的所有员工分布在14个工作团队中，因此有可能这些员工数据本身彼此不够独立，因而产生嵌套性。因此，我们计算了组内系数（ICCs；Shrout & Fleiss, 1979）来检验研究变量因为嵌套而可能产生的群组效应。ICC1系数体现的是群组效应能够解释的变异。对于工作日程控制来说，ICC1为.05，家庭时间充裕度的ICC1为.00，时间点2情绪耗竭的ICC1为.03，时间点2工作家庭冲突的ICC1为.03，时间点3情绪耗竭的ICC1为.01，时间点3工作家庭冲突的ICC1也是.01。ICC2系数体现的是群组均值的内部一致性。对于工作日程控制来说，ICC2为.68，家庭时间充裕度的ICC2为.13，时间点2情绪耗竭的ICC2为.54，时间点2工作家庭冲突的

第二章 环境因素：工作日程控制与工作家庭冲突的关系研究

ICC2 为.53，时间点 3 情绪耗竭的 ICC2 为.17，时间点 3 工作家庭冲突的 ICC2 也是.24。根据 Kenny（1995）的推荐，ICC1 在.01 左右被认为是拥有较小的群组效应，ICC1 在.10 左右被认为是拥有中等程度的群组效应，而 ICC1 如果达到.15 则被认为是拥有较大的群组效应。此外，根据 Bliese（2000）的建议，ICC2 值在.60 -.70 以上，才能表示群组均值比较稳定，适合将团队群组合并。因此本研究涉及变量的 ICC1 区间在.00 至.05 之间，可以认为这些变量具有低水平至中等水平的群组效应。同时，对于工作日程控制来说，群组效应较为稳定。为了排除群组效应可能产生的影响，本研究使用 Mplus 软件的阶层线性模型 Hierarchical linear modeling（HLM）进行分析，将研究变量的群体水平上的变异全部进行控制，来分析个体水平上研究变量之间的关系。

2.4.2 区分效度检验

为了检验本研究中的关键变量（包括工作日程控制、家庭时间充裕度、时间点 2 的情绪耗竭与工作家庭冲突，以及时间点 3 的情绪耗竭与工作家庭冲突）彼此之间互相独立，具有较好的区分效度，本研究构建了一个验证性因素分析（Confirmatory factor analysis，CFA）。使用 Mplus 软件（Muthén & Muthén，1998—2012），验证性因素分析的结果显示 6 因素模型，即所有研究变量彼此互相独立拥有较好的模型拟合度，χ^2（419）= 1063.59，$p < .01$，CFI =.92，TLI =.91，RMSEA =.05。六因素模型相比三因素模型，即每个时间点的变量被合并所形成的模型，拟合得更好，χ^2（431）= 3146.87，$p < .01$，CFI =.65，TLI =.62，RMSEA =.11。同时，六因素模型也比单因素模型，即所有研究变量都被合并成为一个变量，拟合得更好，χ^2（434）= 4098.65，$p < .01$，CFI =.53，TLI =.49，RMSEA =.12。总体来说，上述结果显示，本研究的 6 个变量之间彼此具有较好的区分效度，显示出较好的独立性。

研究变量的均值、标准差、相关系数以及内部一致性系数等都如表 3 所示。工作日程控制与时间点 2 的情绪耗竭与工作家庭冲突图都呈负相关的关系（与情绪耗竭，$r = -.13$，$p <.01$；与工作家庭冲突，$r = -.17$，$p <.01$）。同时，工作日程控制与时间点 3 的情绪耗竭与工作家庭冲突图也都呈负相关的关

系（与情绪耗竭，$r = -.15$，$p < .01$；与工作家庭冲突，$r = -.17$，$p < .01$）。此外，家庭时间充裕度与时间点 2 以及时间点 3 的情绪耗竭和工作家庭冲突也都呈负相关关系（与时间点 2 的情绪耗竭，$r = -.16$，$p < .01$；与时间点 2 的工作家庭冲突，$r = -.28$，$p < .01$；与时间点 3 的情绪耗竭，$r = -.22$，$p < .01$；与时间点 3 的工作家庭冲突，$r = -.30$，$p < .01$）。

此外，工作日程控制与家庭时间充裕度也呈正相关关系（$r = .22$，$p < .01$）。此外，时间点 2 的情绪耗竭与时间点 3 的工作家庭冲突也呈正相关关系（$r = .36$，$p < .01$），而时间点 2 的工作家庭冲突与时间点 3 的情绪耗竭也呈正相关关系（$r = .37$，$p < .01$）。对于控制变量来说，年龄与时间点 2 的情绪耗竭（$r = -.13$，$p < .01$）以及时间点 3 的情绪耗竭（$r = -.18$，$p < .01$）都呈负相关关系。类似地，年龄与时间点 2 的工作家庭冲突（$r = -.15$，$p < .01$）以及时间点 3 的工作家庭冲突（$r = -.11$，$p < .01$）也呈负相关关系。睡眠时间与工作日程控制有正相关关系（$r = .08$，$p < .05$），与时间点 2 的情绪耗竭则呈负相关（$r = -.09$，$p < .05$）。其他控制变量则没有显现出与其他研究变量的显著关系。因此，性别与睡眠时间作为控制变量进入了接下来的分析中。

2.4.3 假设检验

为了检验工作日程控制经过情绪耗竭与工作家庭冲突的关系中，以及工作日程控制经过工作家庭冲突与情趣耗竭的关系中家庭时间充裕度的作用，本研究使用了有调节中介模型中的"第一段调节模型"（Edwards & Lambert，2007），所谓第一段调节模型，即调节作用发生在自变量与因变量经过中介变量的间接效应中的前半段。在本研究模型中，情绪耗竭在工作日程控制与工作家庭冲突的关系中起到中介作用，同时工作家庭冲突在工作日程控制与情绪耗竭的关系中也起到中介作用。家庭时间充裕度调节了工作日程控制到情绪耗竭的路径，以及工作日程控制到工作家庭冲突的路径。因此，在家庭时间充裕度的不同水平下，工作日程控制对工作家庭冲突和情绪耗竭也会相应产生不同的间接效应。为了对理论模型进行检验，笔者使用了 Mplus7 的结构方程模型（Muthén & Muthén，1998 – 2012）的路径分析和阶层线性模型，并控制了所有研究变量在群体水平上的变异，以排除群组效应的影响。

第二章 环境因素：工作日程控制与工作家庭冲突的关系研究

表 1 均值、标准差、相关系数与内部一致性系数

变量	均值	标准差	1	2	3	4	5	6	7	8
1. 性别	1.91	0.29	—							
2. 年龄	39.88	12.19	.05	—						
3. T1 睡眠	6.05	1.49	.04	.04	—					
4. T1 工作日程控制	2.62	0.74	.01	.01	.08*	(.66)				
5. T1 家庭时间充裕度	3.45	0.64	.14**	.07	.07	.22**	(.67)			
6. T2 情绪耗竭	4.28	1.69	.01	−.13**	−.09*	−.13**	−.16**	(.89)		
7. T2 工作家庭冲突	2.68	0.87	.04	−.15**	−.07	−.17**	−.28**	.44**	(.89)	
8. T3 情绪耗竭	4.19	1.67	−.02	−.18**	−.08	−.15**	−.22**	.68**	.37**	(.89)
9. T3 工作家庭冲突	3.36	0.87	.01	−.11**	−.03	−.17**	−.30**	.36**	.65**	.44**	(.90)

备注：$N=563$。表中括号内所注为变量的内部一致性系数。性别编码为 1 = 男，2 = 女；教育水平编码为：1 = 小学至初中，2 = 高中，3 = 高中毕业，4 = 大专，5 = 本科及以上。* $p<.05$；** $p<.01$。

· 51 ·

工作家庭冲突的前因机制：社会认知的视角

假设 1 与假设 2 预期工作日程控制与情绪耗竭以及工作家庭冲突都呈负向关系。在控制了性别、年龄与睡眠时间后，工作日程控制对时间点 2 的情绪耗竭的直接负向效应显著（$B = -.27$，$SE = .11$，$p < .01$，95% 置信区间 = [$-.49$，$-.05$]）。类似地，工作日程控制对时间点 2 的工作家庭冲突的直接负向效应也显著（$B = -.19$，$SE = .05$，$p < .01$，95% 置信区间 = [$-.28$，$-.11$]）。因此，假设 1 与假设 2 得到了支持。

假设 3 预期了一个时间滞后的双向关系，假设 4 预期了一个双向的中介关系。笔者使用 Griffin（1997）以及 Meier 和 Spector（2013）的分析步骤来处理这种双向关系。如果想要计算变量 X 与变量 Y 之间可能的双向关系，包括时间点 1 的 X 到时间点 2 的 Y，时间点 1 的 X 到时间点 2 的 X，时间点 1 的 Y 到时间点 2 的 X 以及时间点 1 的 Y 到时间点 2 的 Y。如果在控制时间点 1 的 Y 后时间点 1 的 X 到时间点 2 的 Y 显著，同时在控制时间点 1 的 X 后时间点 1 的 Y 到时间点 2 的 X 显著，那么就说明双向关系显著（Lian, Ferrin, Morrison, & Brown, 2014；Meier & Spector, 2013）。基于上述策略，在本研究中，如果在控制时间点 2 的情绪耗竭后，时间点 1 工作日程控制经过时间点 2 的工作家庭冲突影响时间点 3 的情绪耗竭成立，并且在控制时间点 2 的工作家庭冲突后，时间点 1 工作日程控制经过时间点 2 的情绪耗竭影响时间点 3 的工作家庭冲突成立，那么就说明工作日程控制、情绪耗竭与工作家庭冲突三者之间的双向中介关系成立。

首先，在控制了性别、年龄与睡眠时间后，再控制时间点 2 情绪耗竭，时间点 2 的工作家庭冲突与时间点 3 的情绪耗竭的直接正向效应显著（$B = .13$，$SE = .05$，$p < .01$，95% 置信区间（CI）= [$.04$, $.23$]）；而控制时间点 2 的工作家庭冲突后，时间点 2 的情绪耗竭与时间点 3 的工作家庭冲突图的直接正向效应同样显著（$B = .05$，$SE = .02$，$p < .05$，95% 置信区间（CI）= [$.00$, $.09$]）。证实了情绪耗竭与工作家庭冲突之间的双向效应。接下来，在控制性别、年龄与睡眠时间后，时间点 1 的工作日程控制对时间点 3 的情绪耗竭（$B = -.15$，$SE = .05$，$p < .01$，95% 置信区间（CI）= [$-.25$, $-.04$]）以及时间点 3 的工作家庭冲突的直接负向效应（$B = -.08$，$SE = .04$，$p < .05$，95% 置信区间

第二章 环境因素：工作日程控制与工作家庭冲突的关系研究

（CI）=[-.15，.00]）都显著。因此，假设3得到了支持。

在把时间点2的WIF与时间点2的情绪耗竭分别作为中介变量和控制变量后，时间点1的工作日程控制对时间点3的情绪耗竭的直接效应仍然成立，但是效应变弱了（$B=-.12$，$SE=.06$，$p<.05$，95%置信区间（CI）=[-.23，-.01]），而时间点1的工作日程控制对时间点3的工作家庭冲突的直接效应变得不显著（$B=-.07$，$SE=.04$，ns，95%置信区间（CI）=[-.14，.01]）。从时间点1的工作日程控制经过时间点2的工作家庭冲突影响时间点3的情绪耗竭的间接效应，在控制时间点2的情绪耗竭后仍然显著（$B=-.03$，$SE=.01$，$p<.05$，95%置信区间（CI）=[-.05，.00]）。此外，从时间点1的工作日程控制经过时间点2的情绪耗竭影响时间点3的工作家庭冲突的简介效应，在控制时间点2的工作家庭冲突后也仍然显著（$B=-.01$，$SE=.01$，$p=.05$，95%置信区间（CI）=[-.03，.00]）。从效应量来看，从工作日程控制经过时间点2的工作家庭冲突到时间点3的情绪耗竭的路径解释的变异为20%，而从工作日程控制经过时间点2的情绪耗竭到时间点3的工作家庭冲突的路径解释的变异为15.67%。因此，假设4得到了支持。

根据Preacher et al.（2007）的步骤，笔者检验了假设的有调节中介模型。如表4所示，工作日程控制与家庭时间充裕度对时间点2的情绪耗竭的交互作用显著（$B=-.37$，$SE=.11$，$p<.01$，95%置信区间（CI）=[-.58，-.16]），但是这两者对时间点2的工作家庭冲突的交互作用不显著（$B=-.07$，$SE=.08$，ns，95%置信区间（CI）=[-.23，.08]）。在此基础上，以在家庭时间充裕度的上下一个标准差为界进行简单斜率效应分析，结果如图3所示，在家庭时间可用心高一个标准差的情况下，工作日程控制与情绪耗竭之间的负相关显著（$+1SD$；$B=-.43$，$SE=.12$，$p<.01$，95%置信区间（CI）=[-.67，-.18]）。然而，在家庭时间充裕度低一个标准差的情况下，工作日程控制与情绪耗竭之间的相关变得不显著（$-1SD$；$B=.04$，$SE=.13$，ns，95%置信区间（CI）=[-.22，.30]）。此外，有调节中介系数分析（Hayes，2013）显示，家庭时间充裕度显著地调节了工作日程控制经过时间点2的情绪耗竭影响时间点3的工作家庭冲突的间接效应（$B=-.02$，$SE=.01$，$p=$

.05,95%置信区间（CI）=［-.03，.00］）。具体地，在家庭时间充裕度在高一个标准差的情况下，工作日程控制经过时间点 2 的情绪耗竭影响时间点 3 的工作家庭冲突的间接效应显著（+1SD, B = -.02, SE = .01, p < .05, 95%置信区间（CI）=［-.04，-.001］），然而在家庭时间充裕度在低一个标准差的情况下，上述间接效应变得不显著（-1SD, B = .00, SE = .01, ns, 95%置信区间（CI）=［-.01，.02］）。相比之下，家庭时间充裕度并未显著地调节工作日程控制经过时间点 2 的工作家庭冲突影响时间点 3 的情绪耗竭的间接效应（moderated mediation index = -.01, SE = .01, ns, 95%置信区间（CI）=［-.02，.01］）。因此，假设 6 得到了支持，但是假设 5 没有得到支持。

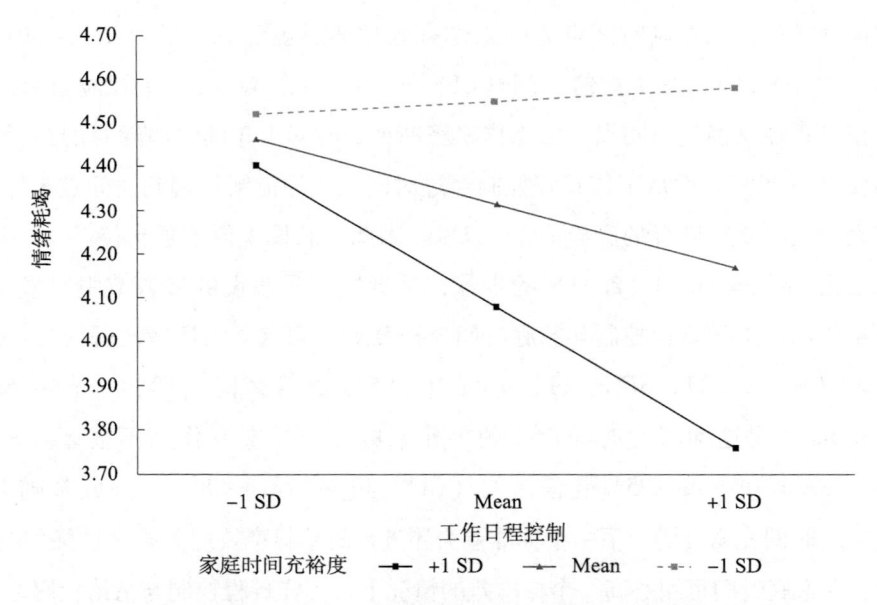

图 3　工作日程控制与家庭时间充裕度交互作用预测情绪耗竭

第二章 环境因素：工作日程控制与工作家庭冲突的关系研究

表 2 有调节中介回归分析

预测变量	情绪耗竭 T2 B	情绪耗竭 T2 SE	工作家庭冲突 T2 B	工作家庭冲突 T2 SE	情绪耗竭 T3 B	情绪耗竭 T3 SE	工作家庭冲突 T3 B	工作家庭冲突 T3 SE
性别	0.23	0.16	0.26†	0.15	-0.06	0.13	0.02	0.09
年龄	-0.02*	0.01	-0.01**	0.00	-0.01**	0.01	-0.00	0.00
睡眠时间	-0.08	0.05	-0.03	0.02	-0.01	0.03	0.02	0.02
工作日程控制 T1	-0.19	0.10	-0.13**	0.04	-0.09	0.05	-0.04	0.04
家庭时间充裕度 T1	-0.37**	0.13	-0.36**	0.07	-0.24**	0.08	-0.16**	0.05
工作日程控制 × 家庭时间充裕度	-0.37**	0.11	-0.07	0.08	-0.03	0.08	-0.01	0.06
情绪耗竭 T2					0.03	0.05	0.02	
工作家庭冲突 T2			0.62**	0.09	0.05		0.04	
R^2	0.07**		0.12**		0.49**	0.57**	0.45**	

备注：N = 563. 表中括号内所注为变量的内部一致性系数. 性别编码为 1 = 男，2 = 女；教育水平编码为：1 = 小学至初中，2 = 高中，3 = 高中毕业，4 = 大专，5 = 本科及以上。* $p < .05$；** $p < .01$。

第三章 行为因素：组织公民行为与工作家庭冲突的关系研究

在本章，笔者探索了组织公民行为与工作家庭冲突的关系。其中包括工作满意度在组织公民行为与工作家庭关系中的中介作用，以及在此基础上压力感的调节作用。笔者预期，员工的工作满意度将会中介组织公民行为与工作家庭冲突之间的关系。此外，当员工感知到的压力感越低，组织公民行为将会更加有效，组织公民行为对工作满意度的正向作用也会更强。

3.1 文献综述

3.1.1 组织公民行为

组织公民行为的定义与分类

在组织越来越动态化、多样化的今天，员工是否能够在工作要求之外还能做出对组织的额外贡献（角色外绩效），对组织的生存和发展至关重要。典型的角色外绩效即为组织公民行为。自从1983年Baterman和Organ提出组织公民行为（Organizational citizenship behavior，OCB）的概念以来（Bateman & Organ, 1983），针对组织公民行为的研究愈发丰富，不仅有大量研究探讨了影响员工组织公民行为水平的个体（Ilies, Fulmer, Spitzmuller, & Johnson, 2009）、领导（Zellars, Tepper, & Duffy, 2002）、团队（Pearce & Herbik, 2004）和组织因素（Aryee & Chay, 2001），也有越来越多的研究探讨组织公民行为对工作绩效（Nielsen, Bachrach, Sundstrom, & Halfhill, 2012）和满意度（Munyon, Hochwarter, Perrewé, & Ferris, 2010）等重要组织结果的正向影响。组织公民行为已经成为组织与管理研究的核心概念之一（Dekas, Bauer, Welle, Kurkoski, & Sullivan, 2013)。

尽管1978年Katz和Kahn就提出了超角色行为（Super-role behavior）的概念（Katz & Kahn, 1978）来试图定义组织中员工在工作角色要求之外的组织行为，学界一般将Bateman和Organ正式提出组织公民行为的1983年作为组织公民行为研究的元年。组织公民行为被定义为一种员工自愿的且不被组织正式奖励的行为，这种行为可以促进组织的有效运行（Organ, 1988）。与工作场合的正式绩效不同，组织公民行为被看作是一种情境绩效（Contextual performance; Borman, Motowidlo, 1997），反映出组织管理和人力资源管理学界对社会和心理情境如何影响组织输出越发重视。

组织公民行为最早被Organ（1988）分为利他（Altruism）、尽责（Conscientiousness）、体育精神（Sportsmanship）、礼貌（Courtesy）和公民美德（Civic virtue）共五个维度。随后，研究者们陆续提出其他可能的维度划分。这些维度划分被逐渐统一为两种，即指向个人的组织公民行为（OCB-I）和指向组织的组织公民行为（OCB-O; Williams, Anderson, 1991）。在OCB-I与OCB-O维度划分的基础上，还有研究者进行了一些扩展。例如，有研究者把指向组织的组织公民行为称为内部组织公民行为，而把指向个体职业与专业发展的组织公民行为称为外部组织公民行为（Bergeron, Ostroff, Schroeder, & Block, 2014）。还有研究者在指向组织的组织公民行为与指向个体的组织公民行为基础上又加了一个组织公民行为的维度，称之为OCB-T，即指向任务或工作的组织公民行为（Brebels, De Cremer, & Van Dijke, 2014）。此外，还有的组织公民行为类型只是指向特定的对象，如仅仅针对环境保护的组织公民行为（Lamm, Tosti-Kharas, & Williams, 2013）。

除了通过组织公民行为的指向对象来对组织公民行为进行划分之外，还有研究者通过组织公民行为的期望目标来对其进行划分。例如，有研究者将组织公民行为分为维持导向的组织公民行为与变革导向的组织公民行为（Maintain-oriented OCB and change-oriented OCB; Choi, 2007）。维持导向的组织公民行为指的是为了保证组织维持现状而进行的组织公民行为，包括助人、礼貌、和谐、组织服从、忠诚、公民美德（包括收集信息和施加影响）、体育精神、责任心等（Graham & Van Dyne, 2006）。典型例子如为了帮助组织正常运作，主动帮助新加入团队的同事更好地完成工作任务等。而变革导向的组织公民行为则指的是为了推动组织变革，适应新形势、新变化、促进组织更好发展而进行的组织公民行为。变革导向的组织公民行为包括建言行为、个体主动性、自我发展、决策参与等。变革导向的组织公民行为的典型例子如，为了帮助组织推动业绩的跨越式发展，对目前市场需要的产品主动提出意见和改进建议等。

因为个体在理论上可以自由选择是否在组织中做出组织公民行为（Penner, Midili, & Kegelmeyer, 1997），实际出现的组织公民行为可能来自不同的背后驱力。换句话说，个体对组织公民行为的期望目标背后，可能是其不同的组织公民行为动机。有学者提出了三种组织公民行为的动机，分别是亲社会动机、组织关注动机以及印象管理动机（Rioux & Penner, 2001）。亲社会动机更高的个体更多是基于增进广泛意义上的他人的意义而进行组织公民行为，而组织关注动机更高的个体则是基于为了组织有更好的发展而进行组织公民行为。这两个动机导致的组织公民行为类似针对个体的组织公民行为与针对组织的组织公民行为。而第三个动机，即印象管理动机引发的组织公民行为，则是仅仅为了自身利益而进行的组织公民行为。印象管理包括了模仿（Intimidation），夸张（Exemplification）、逢迎（Ingratiation）、自我吹嘘（Self-promotion）以及威胁恐吓（Supplication）等各种手段，来维持或增进自身在他人知觉中的积极形象。组织公民行为可以看作其夸张、逢迎等维度的行为体现。

也有学者从另一个角度，认为所有的组织公民行为也有三种类型的动机，一种是利他动机，或者叫"好公民动机"或者叫"好公民认同"（Good citizen identity; Methot, Lepak, Shipp, & Boswell, 2017），包括了亲社会动机以及组织关注。利他动机是真正为了他人利益考虑而进行的组织公民行为。另一种则成为利己动机，或者叫"好演员动机"，包括了印象管理动机、政治行为等动机。政治行为包括两个维度，分别是一般政治行为，例如传播谣言、贬低他人等；而另一个维度则称为伴随领先行为，例如服从、逢迎等行为。组织公民行为可以用政治行为的服从与逢迎维度来解释。值得注意的是，真正的组织公民行为与政治行为的区别在于，组织公民行为比政治行为在行为本身的真诚度上更高（Ferris, Bhawuk, Fedor, & Judge, 1995）。第三种则成为服从动机，指的是个体期望成为团队中合格成员的动机。例如，团队成员倾向于与团队中其他成员的组织公民行为水平一致,而不是更多或更少。有研究发现,亚洲人对于组织公民行为的认知与西方人有所不同。亚洲人更倾向与认为组织公民行为是一种在组织中应尽的责任义务,而非自由选择(Jiao, Richards, & Hackett, 2013; Lam, Hui, & Law, 1999)。这样的文化情境下,就可能产生一些非自愿主动产生的组织公民行为,而是基于环境压力而被迫进行的组织公民行为。其中典型的一种被称为强迫性组织公民行为(Compulsory citizenship behavior; Zhao, Peng, Han, Sheard, & Hudson, 2013)。必须看到,尽管有些组织公民行为是基于自利动机,如印象管理的动机而产生的,但其从行为结果上看仍然是有效的组织公民行为。因为这些行为都符合组织公民行为的定义,即在工作要求之外能够促进组织效能的行为。组织公民行为的定义是基于行为描述而非基于行为动机。因此,不管基于自利还是利他动机,个体做出的组织公民行为都是对组织有利的组织公民行为,尽管有研究认为,基于自利动机产生的组织公民行为可能不如基于利他动机的组织公民行为的效果那么显著(Bolino, 1999)。

从组织公民行为的形式上,还可以有主动/被动性、期望回报时间等维度的划分。首先,在主动/被动维度上,组织公民行为可以分为主动的组织公民行为,包括印象管理动机驱动的组织公民行为以及亲社会/组织关注动机驱动的组织公民行为等,以及被动的组织公民行为,包括服从动机驱动的组织公民行为等。基于期望回报时间来划分组织公民行为,是基于社会交换理论(Blau, 1964),针对交换另一方给予的利益,个体会有知觉到的义务感去回报另一方,这个利益可能是过去已经给予的,也可能是未来期望给予的。因此,个体首先有可能针对组织过去给予的利益,基于回报的义务感,而做出组织公民行为。其次,个体也有可能因为组织承诺的未来会给予其的利益,基于回报的义务感,而做出组织公民行为。前者即称为基于过去利益的组织公民行为,而后者即称为基于未来利益的组织公民行为(Korsgaard, Meglino, Lester, & Jeong, 2010)。

组织公民行为的测量

最早的组织公民行为测量工具之一是 Smith 等开发的 16 条目组织公民行为量表,包括了利他(Altruism)与一般服从(Generalized Compliance)两个维度。较为全面的是 Posdakoff 等根据 Organ（1988）对组织公民行为的五维度定义开发的 24 条目的组织公民行为量表，分为 5 个维度，分别是利他、责任心、体育精神、礼貌、公民美德（Podsakoff, MacKenzie, Moorman, & Fetter, 1990）。还有一些量表测量的是组织公民行为的部分维度。例如 Posdakoff 与 MacKenzie 开发的 11 条目组织公民行为量表，包括助人、公民美德以及体育精神三个维度（Podsakoff & MacKenzie, 1994）。此外，还有一些量表的维度与 Organ（1988）对组织公民行为的五维度划分有重合但又有不同。例如，Moorman 与 Blakely 开发的 19 条目组织公民行为量表除了包括人际帮助（类似与利他）外，还有个人自发性（Personal initiative）、个人勤奋（Personal industry）、组织忠诚（Loyal boosterism）等 3 个维度。

也有量表是基于人际组织公民行为和针对组织的组织公民行为的维度划分来进行开发的。例如，Williams 与 Anderson 开发的 10 条目组织公民行为量表，7 条目测量人际组织公民行为，3 条目测量针对组织的组织公民行为（Williams & Anderson, 1991）。类似地，Lee 与 Allen（2002）开发的 16 条目测量组织公民行为的量表，用各 8 个条目测量了人际组织公民行为以及针对组织的组织公民行为。其后，有研究者将 Lee 与 Allen 的 16 条目量表精简为 11 个条目，测量每天发生的人际组织公民行为以及针对组织的组织公民行为（Ilies, Scott, & Judge, 2006）。还有研究者进一步将量表精简为 6 个条目，仍然用各 3 个条目测量了每天发生的人际组织公民行为以及针对组织的组织公民行为（Lam, Wan, & Roussin, 2015）。还有研究者把 Moorman 与 Blakely 量表的人际帮助（Interpersonal helping）与组织忠诚（Loyal boosterism）两个维度分别作为用来测量人际组织公民行为以及针对组织的组织公民行为（Rubin, Dierdorff, & Bachrach, 2013）。

针对不同的文化情境，也有研究者开发了本土化的组织公民行为测量工具。例如，Farh 等（1990）开发了中国情境下的 20 条目组织公民行为量表，包括公司认同、对同事的利他行为、责任心、人际和谐、保护公司资源共 5 个维度。

组织公民行为的影响因素与结果

自从组织公民行为概念提出以来，研究者们的关注重心首先集中在如何能

第三章 行为因素：组织公民行为与工作家庭冲突的关系研究

够让组织成员成为"好兵"（Good soldier），在组织中表现出更多的组织公民行为。大量的研究开始关注组织公民行为的影响因素，考察个体、领导、团队、组织、社会等层面上，何种因素可能影响员工的组织公民行为水平。例如，研究发现，个体水平上，大五人格（Chiaburu, Oh, Berry, Li, & Gardner, 2011; Ilies et al., 2009）以及核心自我评价（Rich, LePine, & Crawford, 2010）、主动性人格（Baba, Tourigny, Wang, & Liu, 2009）等人格特质，工作安全感（Lam, Liang, et al., 2015）、角色压力源（Eatough, Chang, Mioslavic, & Johnson, 2011）等工作认知在个体水平上会影响其组织公民行为的水平。而从环境因素的领导视角看，道德型领导（Kacmar, Bachrach, Harris, & Zivnuska, 2011）、辱虐式管理（Rafferty & Restubog, 2011）等领导风格也对组织公民行为都会产生影响。除此之外，团队潜力（Hu, Liden, & Clarity, 2011）、团队认同（Van Der Vegt, Van de Vliert, & Oosterhof, 2003）、组织政策和支持（Randall, Cropanzano, Bormann, & Birjulin, 1999）等团队和组织层面的因素也会导致员工组织公民行为的变化。对组织公民行为的前因变量的探索有助于我们了解组织公民行为的形成原因、传递机制以及边界条件。下面，将从个体因素的人格特征、工作认知、情绪情感、环境因素的工作特征、领导、团队、组织等不同角度来具体分析组织公民行为的影响因素。

首先，从个体因素的角度考虑，个体的人格特质可以影响其组织公民行为。例如，个体的工作相关的人格特征（Wang & Bowling, 2010）与组织公民行为相关，一些特质如自我监督（Blakely, Andrews, & Fuller, 2003）、主动性人格（Baba et al., 2009）、核心自我评价（Rich, LePine, et al., 2010）、自我效能感（Chen & Kao, 2011）、情绪稳定性（Chiaburu et al., 2011）、外倾性（Chiaburu et al., 2011; Moon, Hollenbeck, Marinova, & Humphrey, 2008）、开放性（Abu Elanain, 2010; Chiaburu et al., 2011）、宜人性（Ilies et al., 2009, 2006）、责任心（Ilies et al., 2009）、内控型人格（Abu Elanain, 2010）、自尊（Shih & Chuang, 2013）等人格特质都与个体的组织公民行为呈正相关。类似地，个体的积极取向（Alessandri et al., 2012）、未来取向（Strobel, Tumasjan, Sporrle, & Welpe, 2013）、掌握倾向（Louw, Dunlop, Yeo, & Griffin, 2016）、回避取向（Shin, Kim, Choi, Kim, & Oh, 2017）、亲社会

倾向（Penner et al., 1997）、利他关注（Lemmon & Wayne, 2015）以及公正敏感度（Akan, Allen, & White, 2009）都会对组织公民行为产生正向影响。而相反，个体的职业取向（Adams, Srivastava, Herriot, & Patterson, 2013）等倾向，则会负面影响组织公民行为。

除了稳定的人格特质与倾向性之外，个体对组织及工作的认知也会影响其在组织中的公民行为水平。例如，个体知觉的工作的重要性、认同感以及自主性（Chen & Chiu, 2009）、个体工作认知（Williams & Anderson, 1991）、知觉到的公平感（Messer & White, 2006）、个体－组织匹配度（Chen & Chiu, 2008）、与组织的心理契约水平（Hui, Lee, & Rousseau, 2004）、知觉到的组织内部人地位（Hui, Lee, & Wang, 2015）（Philipp & Lopez, 2013）、知觉到的组织公民行为的有用性（Jiao, Richards, & Zhang, 2011）、知觉到的工作压力感（Karam, 2011）、知觉到的义务感（Lemmon & Wayne, 2015）等也会对其组织公民行为产生积极的影响。

情绪与情感因素同样是组织公民行为重要的影响因素。例如，个体的情绪耗竭包括情绪耗竭（Trougakos et al., 2015）、玩世不恭（Van Dyne, Graham, & Dienesch, 1994）、低自我效能感（Chiu & Tsai, 2006）、情绪劳动（Cheung & Lun, 2015）、情绪失调（Cheung & Cheung, 2013）、情绪的表面扮演（Trougakos et al., 2015）、工作紧张度（Chen & Chiu, 2008）等都会导致个体组织公民行为的减少。而相反，个体的积极情感状态则会带来更多的组织公民行为（Ilies et al., 2006；S. Williams & Shiaw, 1999；Yang, Simon, Wang, & Zheng, 2016）。

类似的结果还体现在对组织与工作的态度上。如对知觉到的被公平对待（S. Williams, Pitre, & Zainuba, 2002）、对上级的信任感（Konovsky & Pugh, 1994）、工作满意度（Adams et al., 2013；Bateman & Organ, 1983；C.-C. Chen & Chiu, 2008；Fassina, Jones, & Uggerslev, 2007；Foote & Li-Ping Tang, 2008；Ilies et al., 2009, 2006；Lester, Meglino, & Korsgaard, 2008；Moorman, 1993；Van Dyne et al., 1994；Wagner & Rush, 2000）、敬业度（Rich, LePine, et al., 2010）、工作投入度（Chen & Chiu, 2009）、对上级的承诺（Walumbwa, Hartnell, & Oke, 2010）、对上级的满意度（Konovsky &

第三章　行为因素：组织公民行为与工作家庭冲突的关系研究

Organ，1996）、对团队的承诺（Pearce & Herbik，2004）、对组织的承诺（Akoto，2014；Ng & Feldman，2011；Schappe，1998；Van Dyne & Ang，1998）、组织认同（Nguyen，Chang，Rowley，& Japutra，2016）等会对组织公民行为产生积极影响。而相反，工作不安全感（Bohle & Alonso，2017）则被发现会负面影响组织公民行为。也有研究发现，工作不安全感与组织公民行为之间的关系是非线性的，呈 U 形曲线的形状。即低水平至中水平的工作不安全感范围内，工作不安全感越高，组织公民行为水平越低。而中水平至高水平的工作不安全感范围内，工作不安全感越高，组织公民行为水平越高（Lam，Liang，et al.，2015）。

个体在组织中的其他行为也可能对其组织公民行为水平产生影响。例如，由于参与其他行为导致的自我调控资源的剥夺（Johnson，Lanaj，& Barnes，2014）可能会降低组织公民行为的水平，类似的还有，高水平的工作家庭冲突（Bragger，Rodriguez-Srednicki，Kutcher，Indovino，& Rosner，2005）也会导致组织公民行为水平的降低。而相反，个体的政治技能（Li & Kong，2015）以及印象管理行为（Bolino，Varela，Bande，& Turnley，2006）则会正向地影响其组织公民行为的水平。值得注意的是，甚至是个体的生理状况，如睡眠质量不佳（Barnes，Ghumman，& Scott，2013）、长期的身体疼痛（Ferris，Rogers，Blass，& Hochwarter，2009）等都会导致个体更少地表现出组织公民行为。

除了个体因素之外，我们同样应该关注到，组织公民行为的出现，也有着重要的环境条件。例如，工作的矛盾性（Ziegler，Schlett，Casel，& Diehl，2012）、工作负荷（Wei，Qu，& Ma，2012）、角色模糊性（Eatough et al.，2011）、角色冲突（Eatough et al.，2011）、工作高原（Hurst，Baranik，& Clark，2016）以及挑战型压力源（Rodell & Judge，2009）可以降低组织公民行为的水平。而角色定义的清晰度（Morrison，1994）、工作任务的视野（J. Farh et al.，1990）、工作目标的清晰度（Hu et al.，2011）、工作流程的清晰度（Hu et al.，2011）、工作任务的独立性（Bachrach，Powell，Bendoly，& Richey，2006）、工作场合的公平感（Aryee & Chay，2001）、目标的具体性与难度（Vigoda-Gadot & Angert，2007）、授权（Ackfeldt & Coote，2005）、工

作依存性（Chen, Tang, & Wang, 2009）、目标依存性（Chen et al., 2009）、个体在组织中的中心度（Chung, Park, Moon, & Oh, 2011）等则与组织公民行为有着积极的关系。

  领导因素同样是组织公民行为中不可忽视的重要影响因素。研究已经发现，权变型领导（Walumbwa, Wu, & Orwa, 2008）、领导的正义（Skarlicki & Latham, 1996）、传统型领导风格（Schnake, Dumler, & Cochran, 1993）、道德型领导（Kacmar et al., 2011; Mo & Shi, 2017; Y. Shin, 2012）、转换型领导（Carter, Mossholder, Feild, & Armenakis, 2014; Guay & Choi, 2015; López‐Domínguez, Enache, Sallan, & Simo, 2013; Podsakoff, MacKenzie, & Bommer, 1996; P. M. Podsakoff et al., 1990; Wang, Law, Hackett, Wang, & Chen, 2005）、服务型领导（Newman, Schwarz, Cooper, & Sendjaya, 2015）、授权型领导（Li, Liu, Han, & Zhang, 2016; Li, Chiaburu, & Kirkman, 2017）、灵性领导（Chen & Yang, 2012）、魅力型领导（Deluga, 1995）、支持型领导（Euwema, Wendt, & Van Emmerik, 2007; Felfe, Franke, & We, 2010）、领导辅导（Donaldson, Ensher, & Grant‐Vallone, 2000; Eby, Butts, Hoffman, & Sauer, 2015; Kwan, Liu, & Yim, 2011）等积极的领导风格都被发现可以积极地预测员工的组织公民行为。而相反，在另一些领导风格下，如高水平的辱虐式管理（Aryee, Chen, Sun, & Debrah, 2007; Rafferty & Restubog, 2011; Xu, Huang, Lam, & Miao, 2012; Zellars et al., 2002）以及高水平的指导性领导（Euwema et al., 2007）下，员工的组织公民行为则被发现会更少出现。对于领导风格对员工组织公民行为的影响机制，有些研究进行了探索，如有研究发现领导的支持对员工的组织公民行为的出现特别重要（Ackfeldt & Coote, 2005; Chen & Chiu, 2008; Euwema et al., 2007）。还有研究发现领导的公平（Farh et al., 1990），特别是在领导做决策时候的程序公平（Konovsky & Pugh, 1994）可以积极地促进员工的组织公民行为。而领导与员工的互动也非常重要，多个研究发现，领导与下属成员交换的水平越高，员工的组织公民行为水平越高（Chang & Johnson, 2010; Ilies, Nahrgang, & Morgeson, 2007; Wang et al., 2005; Xu et al., 2012）。具体地，领导与下属成员交换的质量（Deluga, 1994）、领导‐下属交换的一致性（Matta, Scott,

第三章 行为因素：组织公民行为与工作家庭冲突的关系研究

Koopman, & Conlon, 2015）在促进员工组织公民行为的过程中起到了关键作用。此外，领导的情绪表达也会对员工的组织公民行为水平产生有价值的影响。如领导的愤怒情绪会导致员工更少的组织公民行为。相反，领导的快乐情绪则会导致员工组织公民行为的增加（Koning & Van Kleef, 2015）。

环境因素的影响中，除了领导之外，员工所在的团队也是一个关键的环境变量。有研究发现团队的潜力越强（Hu et al., 2011）、凝聚力越高（Chen & Chiu, 2009; Kidwell, Jr, Mossholder, & Bennett, 1997）、成员对团队的认同越高（Van Der Vegt et al., 2003）、知觉到来自团队的支持越多（Pearce & Herbik, 2004）、团队的建言水平越高（Ohana, 2016），那么团队成员表现出来的组织公民行为就越多。在更上一层的组织层面，有研究发现员工共享的组织愿景（Wong, Tjosvold, & Liu, 2009）、员工知觉到的组织和谐度（Chin, 2015）、员工知觉到的组织支持（Chiang & Hsieh, 2012; Moorman, Blakely, & Niehoff, 1998）、组织的安全氛围（Clark, Zickar, & Jex, 2014; Lee, Wu, & Hong, 2007）知觉到的绩效的积极反馈（Bachrach, Bendoly, & Podsakoff, 2001）、知觉到的组织授权（Chiang & Hsieh, 2012）、组织公正（Farh, Earley, & Lin, 1997; Karriker & Williams, 2009）等组织层面的因素会组织公民行为有着积极影响。相反，组织冲突（Chung, 2015）等组织层面的因素，则会阻碍员工组织公民行为的出现。此外，组织本身的一些政策或特性，如组织的架构（DeGroot & Brownlee, 2006）、组织伦理（Chun, Shin, Choi, & Kim, 2013）、组织政治（Hsiung, Lin, & Lin, 2012; Randall et al., 1999）以及高绩效人力资源实践（Sun, Aryee, & Law, 2007）等都会对个体的组织公民行为产生重要的影响。

作为组织成员在组织中的重要行为指标，组织公民行为对个体和组织结果也发挥着重要影响。首先，组织公民行为对组织有着积极影响。重要原因之一是，组织公民行为可以帮助组织中的个体构建更高水平的社会资本，这种社会资本不仅能够帮助员工自身在组织中获得更好的发展，同时还可以促进组织更高效地运转（Bolino, Turnley, & Bloodgood, 2002）。这种对组织运转的促进作用首先集中地表现在作为组织中最重要的结果指标之一的工作绩效上。有研究发现，组织公民行为不仅可以增加上级对其绩效的评价（Halbesleben, Bowler, Bolino, & Turnley, 2010),也会在实际上提升其任务绩效的水平(Ozer, 2011; Wang et al., 2005),具体既体现在绩效的数量上(P. M. Podsakoff et al., 1997),也体现在绩效的质量上(Podsakoff et al., 1997);既体现在客观的销售绩效上(MacKenzie, Podsakoff, & Fetter, 1993),也体现在上级对销售绩效的主观评估上(MacKenzie, Podsakoff, & Fetter, 1991)。个体高水平的组织公民行为会带来更高水平的服务质量(Bienstock, DeMoranville, & Smith, 2003; Castro, Armario, & Ruiz, 2004),从而提升客户对其工作的满意度(Castro et al., 2004),结果产生更高水平的客户忠诚度(Castro et al., 2004)。

组织公民行为不仅对个体的绩效产生积极影响,还可以促进个体所在的团队以及组织的绩效。例如,有研究发现,组织公民行为可以促进员工所在的工作团队的绩效(Nielsen et al., 2012)或工作团队的绩效(Liu, Gong, & Liu, 2014; Podsakoff & MacKenzie, 1994),乃至提升组织效率(Koys, 2001),对整个组织的绩效(Sun et al., 2007)产生积极的推动作用。然而,我们也要看到,并非所有研究都指向组织公民行为对工作绩效的积极作用,也有研究发现了组织公民行为的增加可能导致员工任务绩效的下降(Bergeron, Shipp, Rosen, & Furst, 2013)。这种组织公民行为与工作绩效之间的反向结果说明,两者的关系可能存在更复杂的机制。有研究对此进行了进一步探索,发现了组织公民行为与工作绩效之间的非线性关系,例如有研究发现,组织公民行为与工作绩效之间存在着倒U形关系(Ellington, Dierdorff, & Rubin, 2014; Rapp, Bachrach, & Rapp, 2013; Rubin et al., 2013),即低水平至中水平的组织公民行为水平范围内,组织公民行为水平越高,工作绩效水平越高。而中水平至高水平的组织公民行为范围内,组织公民行为水平越高,工作绩效水平则越低。

组织中的另一个重要的结果指标是个体对组织的态度,包括敬业度、工作满意度、离职意愿及实际的离职行为等。有研究发现员工的组织公民行为可以提升其敬业度中的活力维度(Lam, Wan, et al., 2015)。组织公民行为对员工活力的提升作用被发现是通过提升员工知觉到的工作意义感来实现的(Lam, Wan, et al., 2015)。此外,还有研究发现员工的组织公民行为可以提升其工作满意度(Munyon et al., 2010),甚至其同事的组织公民行为也能提升其工作满意度(Tepper, Duffy, Hoobler, & Ensley, 2004)。通过提升员工的

第三章 行为因素：组织公民行为与工作家庭冲突的关系研究

工作满意度，组织公民行为还可以降低员工的离职意愿（Regts & Molleman, 2013；Sharoni et al., 2012），因而降低员工的实际离职行为（Chen & Hui, 1998）。这也意味着，高水平员工组织公民行为可以带来组织离职率的下降（Sun et al., 2007）。

组织公民行为的积极效应还延及组织中偏差行为的抑制。有研究发现，高水平的组织公民行为可以降低工作场合的偏差行为（Lee & Allen, 2002）。组织公民行为对工作偏差行为的抑制作用的其中一个路径是提升员工的心理权利感（Yam, Klotz, He, & Reynolds, 2017）。上述组织公民行为对组织的结果，包括工作绩效的促进，以及工作偏差行为的抑制等，都暗示着组织公民行为可能对员工的职业发展有着正向的影响。有研究显示，组织公民行为可以正向预测员工包括晋升（Allen, 2006）在内的职业成功（Russo, Guo, & Baruch, 2014）。

组织公民行为也并不总是有益的。和个体任何其他行为一样，组织公民行为需要消耗个体有限的资源（Bolino & Turnley, 2005），这就暗示着，组织公民行为也可能拥有其消极的一面。例如，有研究发现，在组织中，员工更多的组织公民行为会给其带来更高的工作负荷和工作压力感（Bolino & Turnley, 2005；Halbesleben, Harvey, & Bolino, 2009）。此外，Bergeron（2007）还发现，组织公民行为甚至对工作绩效也可能有负性的影响，从而影响员工的职业发展和组织的有效运行。而组织公民行为对工作绩效的不利影响，在看重结果而非行为的组织中尤甚、在做出高挑战性且耗时的组织公民行为的员工身上尤甚。基于此，有研究发现，员工投入在组织公民行为上的时间越多，他们在工作绩效上投入的时间就越少。这样的后果就是，组织公民行为越多的员工，相比专注于工作绩效的员工，其薪水增长的幅度更低，晋升的机会更小（Bergeron et al., 2013）。最后，组织公民行为也并不总是可以提升员工的满意度。对于低乐观倾向的员工来说，组织公民行为与工作满意度之间呈现倒U形曲线关系。在一定水平之上的组织公民行为反而会降低员工的工作满意度。总而言之，上述的研究显示，组织公民行为同样有可能给员工和组织带来负面后果。

在文献中，有关组织公民行为与工作家庭关系的仅有的研究中，Halbesleben 等（2009）研究的理论基础是资源保存理论（Hobfoll，1989）。所谓资源保存理论，指的是因为个体的资源有限，因此个体倾向于维持自己的资源水平、保护自己的资源不受现实的或可能的损失。资源保存理论包括两个核心的假设，一个是个体资源有限性假设，另一个是个体对自身资源的保护倾向假设（Hobfoll，1989）。Halbesleben 等（2009）在这个研究中利用的更多是资源有限性的假设。他们认为个体对工作的投入需要消耗其有限的个人资源，工作投入高的员工，因为其消耗了过多的个人资源在工作上，尤其是在角色外的工作行为上（如组织公民行为），因此将使得用于家庭的个人资源变少，从而引起工作家庭冲突。研究结果发现，组织公民行为中介了员工敬业度与工作家庭冲突之间的关系，而个体的责任心则调节了组织公民行为与工作家庭冲突之间的关系。具体地，个体的敬业度越高，其组织公民行为水平越高，而高水平的组织公民行为又带来了高水平的工作家庭冲突。当个体的责任心较高时，可以看作其有较高水平的个人资源，这时因为个体从事组织公民行为导致消耗资源而带来的工作家庭冲突将会相对缓和。总体来说，虽然 Halbesleben 等（2009）的研究涉及了组织公民行为与工作家庭冲突之间的关系，但是其主线仍然是考察工作敬业度与工作家庭关系，组织公民行为对工作家庭关系的影响只是用来解释敬业度对工作家庭冲突影响的一个机制解释。而对组织公民行为为什么会正面影响工作家庭冲突的机制，该研究上尚没有给我们清晰的答案。

类似的是 Bolino 与 Turnley（2005）的研究，该研究探讨了高水平的个体主动性，作为组织公民行为的一个典型类型，会对个体的角色过载、工作压力，以及工作家庭冲突产生什么样的影响。该研究的理论基础是角色理论（Kahn et al.，1964）。角色理论强调个体会倾向于在一个角色中的行事方式与该角色被定义的方式保持一致。而当由于个体的时间、精力等资源不足以按照角色定义来行事，或者其他角色的角色要求与现有角色不兼容导致无法按照现有的角色定义来行事，就会导致个体的压力紧张感与角色之间的冲突产生。研究者认为，组织公民行为就是在本质工作之外去承担一个额外的工作角色，这个角色的存在，就会使得资源被占用，或者与其他角色不兼容，从而导致角色冲突，例如工作家庭冲突的产生。Bolino 与 Turnley（2005）的研究使用了 98 对夫妻样本，依靠配偶或重要他人评价的个体主动性作为预测变量，以个体自评的工作场合中的角色过载、工作压力和工作家庭冲突为结果变量来构建研究假设。结果就发现，组织公民行为水平越高，角色过载越多、工作压力越大，工作家庭冲突水平就越高。而性别在组织公民行为与工作家庭冲突之间的关系中起到了调节作用。具体地，女性相比男性，组织公民行为带来高水平的工作家庭冲突的关系要更强，暗示着女性更有可能因为从事角色外的工作任务而影响工作与家庭之间的平衡。

3.1.2 压力

压力的定义与理论

压力研究，特别是工作场合中的压力研究，在近几十年来成为心理和组织研究中最受关注的问题之一（Arsenault & Dolan, 1983; Lazarus & Folkman, 1984）。"压力"的概念最早来自物理学，讲的是人类与物体类似，都会拥有韧性来应对一定水平的外界压力，但是在更高程度的压力下就会丢失掉其韧性（Hobfoll, 1989）。对于压力的定义，有研究者认为压力就是一种客观的刺激条件（Weitz, 1970），也有研究者认为压力是潜在的会阻碍个体存在、拥有想要的客体或者做想要的事的动态条件（Schuler, 1980）。其他一些研究者倾向于认为压力是一种个体的反应（Selye, 1974）。更多的研究者倾向于更为综合的定义，认为压力是从压力源到压力反应的整个动态的循环过程（Lazarus, 1966）。而狭义的压力则一般指的是在压力源与压力结果之间的个人体验，一般定义为包括恐惧、担心、焦虑、非理性、烦恼、愤怒、哀伤、悲痛以及抑郁等负面成分的情绪体验（Motowidlo, Packard, & Manning, 1986）。

对于压力，研究者们构建了多个理论模型来系统化地进行探讨。典型的理论模型有个体-环境匹配模型、压力管理模型、资源保存模型、压力与应对的交易模型，以及角色压力模型等。其中，压力的个体-环境匹配模型是一个应用比较广泛的压力模型（Edwards & Cooper, 1990; French, Rogers, & Cobb, 1974）。压力的个人环境匹配模型认为，如果个体与其周边环境之间缺乏匹配，如个体的需要难以被环境的供给满足，或者工作的要求难以被个体的能力满足，这样就会导致个体的压力产生。从这个理论出发来看，所谓压力，就是个体与环境缺乏匹配时的表征。

压力的个人-环境匹配模型具体描述了两种性质不同的匹配形式。第一种匹配形式是个体的价值与环境的供给之间的匹配，即 S－V 匹配。这里个体的价值指的是个体拥有的有意识的需要（Edwards & Cooper, 1990），包括了个体的偏好、兴趣、动机与目标（Cummings & Cooper, 1979）等。而环境的供给则指的是能够满足个体需要的环境特征的数量、频率以及质量（French, Caplan, & Van Harrison, 1982）。环境特征可以分为客观环境特征与主观环境特征。客观环境特征指的是独立于个体的知觉之外的环境特征，如环境的资源供给。而主观环境特征则指的是个体所知觉到的特征，如个体知觉到的环境要求。French（1982）认为，客观的环境供给本身不会影响个体的压力感，只有个体与主观环境特征之间的不匹配，才会导致个体产生负面的生理、心理以及行为结果，这些结果被称之为压力应激反应。个体价值与环境供给之间匹配的核心过程即知觉到的与期望得到的环境条件或个体经历事件的数量、频率或质量的认知比较。当知觉到的环境供给不能够满足个体的价值时，个体的压力感就产生了（Cummings & Cooper, 1979），但是在环境供给超过个体的价值时，结果却不够明确（Edwards, 1996）。因此，Harrison（Harrison, 1978）提出四种过程来解释环境供给过量时会影响个体压力感的结果。第一个过程叫保存（Conservation），指的是过量的环境供给被保存起来，用于满足未来的个体价值需要。第二个过程叫转移（Carryover），指的是在一个领域个体价值的环境供给过剩可以被转移用于满足其他领域个体价值的需求上。保存过程和转移过程都意味着过量的环境供给将会降低个体的压力感。这样，环境供给与压力之间的关系就是线性的负向关系，即随着环境供给增加，个体感知到的压力下降。而当环境供给超过个体的价值需要后，个体感知到的压力依然继续下降。第三个过程叫损耗（Depletion），指的是过量的环境供给将会让个体在相应价值上未来的供给减少。第四个过程叫干扰（Interference），指的是对一个领域价值需求的过量环境供给将会干扰个体在另一个领域价值需求的满足。损耗过程和干扰过程都意味着过量的环境供给将会提升个体的压力感。这样，环境供给与压力之间的关系就是一个 U 形曲线关系，以环境供给刚好满足个体价值需要的匹配点为压力感最低点，从环境供给为零至环境供给至匹配点，个体的压力感不断下降，但是环境供给从匹配点之后继续增加后，个体的压力感反而

第三章 行为因素：组织公民行为与工作家庭冲突的关系研究

不断上升。当然，也可能存在环境供给过量，但是不会影响个体的压力感的情况。有研究结果支持了干扰过程说，即过量的环境供给反而会导致个体压力感水平的上升。此外，在当环境供给与个体价值需求都低时，个体的压力感要比环境供给与个体价值需求都高时要来得更高（Edwards，1996）。

第二种匹配形式则是环境的要求与个体的能力与技能之间的匹配，即 D-A 匹配。这里的个人能力指的是个体可以用来满足环境要求的知识、技能、时间与能量等。而环境要求指的是环境对于个体的定量或定性的要求，这些要求可以是客观的，如工作时间、生产量等，也可以是社会建构的，如角色期望等。应当注意的是，客观的或社会建构的环境特征本身并不会影响个体的压力感，只有个体知觉到的环境要求与自身能力的不匹配，才可能会给个体带来压力感（French et al.，1982）。个体能力与环境要求之间匹配的核心过程既是个体知觉到的环境要求与个体能够满足这些要求的能力之间的认知比较。当个人的能力无法满足知觉到的环境要求时，即当环境要求高于个体能力时，个体的压力感就产生了。但是在环境要求低于个体能力时，或者说个人能力高于环境要求时，对个体的压力如何影响，结果却也不够明确（Edwards，1996）。类似个人价值与环境供给匹配，前述的保存、转移、损耗和干扰过程也可以用来解释个体能力与环境要求之间的匹配机制。

虽然两种匹配形式经常在一个统一的个人环境匹配框架中被进行讨论，但两者之间不论是在其核心的机制还是影响结果上都存在基础性的差异。首先，个体需求与环境供给之间的匹配过程是个体根据自身的目标、动机和价值观对外界环境进行认知评估的过程。而个体能力与环境要求之间的匹配过程则是个体集中自己的能力与技能去满足环境要求的过程。其次，两种匹配导致的结果上也存在不同。个体需求与环境供给之间的不匹配会导致个体的不满意以及消极情绪等情绪情感上的负面结果。而个体能力与环境要求的不匹配，即个体的能力与技能无法满足环境的要求时，个体的绩效将会下降。这种绩效的下降可能会导致个体的不满意。也就是说，个体能力与环境要求之间的不匹配也可以导致个体的不满意，但是个体需求与环境供给之间的不匹配是其中介（Schwab & Cummings，1970）。因此，个体价值需求与环境供给之间的不匹配被认为更适合用来描述压力过程，而个体能力与环境要求之间的不匹配则是压力的前因变量（Edwards，1996）。

上述的个人能力、要求与环境要求、供给的差异导致压力的机制是个人环境匹配理论中压力产生机制的其中一种。潜在的意涵是个人特征是由环境特征用来比较的一个标准，如果环境特征达不到这个标准，差异越大，个体产生的压力就越大。第二种形式则关注个体与环境的交互作用，认为在环境特征与特定的个体特征一起出现时，压力就产生了。也就是说，个体特征是环境特征与压力关系中间的一个边界条件，可以影响环境特征产生压力的强度。相比第一种形式中个体和环境不匹配导致的压力，第二种形式则相反，是个体和环境"匹配"程度高而产生的压力。第三种形式则关注的是个体特征中的多大比例可以被环境特征实现或满足。当个体特征被环境特征满足的比例下降时，压力就出现了。换句话说，在这里个体特征不仅仅是环境特征用来比较的一个标准，还同时影响着环境特征与压力之间的关系。个体的特征越显著，其对于环境特征影响压力的关系的影响就越小。

除了个人-环境匹配模型外，还有 Karasek（1979）提出的工作应激的压力管理模型，强调工作应激反应并不仅仅是因为工作环境中的压力源，而是取决于工作要求与工作控制两个互相对立的成分之间的交互作用。所谓工作要求，指的是需要个体付出持续的物理和心理努力成本的工作中的物理、社会或组织的方面（Demerouti et al.，2001）。工作要求的概念范围在 Karasek（1979）的最初模型中以工作特征为主，如工作任务过载、时间压力等。但是后来的研究者们将工作要求的外延拓展，将工作特征之外的一些环境特征，例如情绪要求以及工作家庭冲突等也纳入了工作要求的概念范围内（Schaufeli et al.，2009）。工作要求可以导致个体的压力感以及健康问题。根据 Hockey（Hockey，1997）的补偿调节-控制模型，个体在面对压力时，将会面临权衡是否要投入他们的心智努力去保证他们的绩效目标得以完成。当工作要求上升时，如工作任务负荷更重、时间压力更紧、情绪要求更多、家庭与工作冲突更大时，个体就将不仅仅要面对权衡自己的努力去保证绩效水平，还需要投入额外的努力去应对增加的工作要求。这种额外补充的努力带来了个体生理与心理上的成本，将会导致个体产生疲劳或易怒等不良后果。持续不断的补偿努力将会最终导致个体的工作倦怠和健康问题，最终导致缺勤状况发生。与工作要求相对应

第三章 行为因素：组织公民行为与工作家庭冲突的关系研究

的成分是工作控制。工作控制也称为工作自主性，指的是个体在工作中所拥有的做什么、什么时候做以及如何做的自由（Karasek，1979）。拥有高水平工作控制的个体，首先在一定程度上可以根据自己的需要来设置任务目标，根据自我决定理论（Ryan & Deci，2000），可以让个体拥有更高的工作动机。其次，个体可以更自由地根据自己的日程来安排工作任务，从而避免因为工作任务冲突等原因带来的工作压力。

工作要求-控制模型的核心假设之一即为压力假设。所谓压力假设，指的是给予个体在其工作上高水平的要求，但个体却仅拥有低水平的工作控制时，这种高要求且低控制的状态将会给个体带来较高的压力感和生理上的不健康状态。研究者基于工作要求-控制模型（Karasek，1979）对压力假设进行了大量研究的探讨，收获了丰富的实证证据（Van der Doef & Maes，1999）。

此外，Hobfoll（1989）在其提出的压力的资源保存模型中，将压力定义为当个体面对实际的资源损失、资源可能损失的威胁或者在资源投入后资源回报不足时个体对环境的反应。压力的资源保存模型的核心构念是资源。所谓资源，既指个体所重视的物体、个人特质、条件、能量等，也指能够帮助个体获得它们的方法。这意味着，不管是实际的或潜在的资源损失，还是资源获得的不足都是产生压力的充分条件。所谓压力，即资源不足时的表征。压力与应对的交易模型（Lazarus & Folkman，1984）则认为，个体会评估环境中的要求，看这个要求是否超过了个体的资源能够承受的程度，导致其幸福感受到伤害。但是，超过个体资源承受程度的外界环境要求并不一定会产生压力。只有当满足外界环境的要求与个体的目标、动机或价值观一致时，个体的资源无法满足外界环境的要求才会产生压力。换句话说，所谓压力，即个体的资源无法满足对其有价值的外界要求时的表征。此外，基于角色理论的角色压力模型（Kahn et al.，1964）也是一个较有影响力的压力模型。角色压力模型认为当外界对个体角色的期望与个体满足外界要求的能力之间产生差异，或者角色期望与个体人格之间产生差异时，个体就会感觉到压力。换句话说，所谓压力，是个体与角色要求缺乏匹配时的表征。按照个体-环境匹配模型的说法，角色压力模型也可以被看作一种个体-角色匹配模型。

综合以上几种压力模型，可以看出，压力的资源保存模型较为简洁，该模型认为压力就是资源的直接损失或间接损失（投入大于收益）的结果。其他几种模型均认为压力产生的情况相对复杂。但是，不管是压力管理模型、压力的交易模型还是角色压力模型，都可以在某种程度上用个体-环境匹配模型中的个体能力与环境要求的匹配来进行解释。

压力的测量

Cohen等研究者使用两个大学生样本与一个社区居民样本，开发出了14条目的压力感量表（Perceived Stress Scale, PSS; Cohen & Williamson, 1988），用于测量个体生活中发生的事件在多大程度上会被评价为有压力感。具体地，量表询问过去一个月期间，生活中发生的事件是否会让个体感觉到心烦意乱、感到艰难、失去控制、生气、紧张与压力；或者相反，个体是否可以成功应对生活中的烦心事、重要的生活变化、个人问题等，让事情按照自己的心意进行。该压力感量表的测量对象并不针对具体的人生领域，而是涵盖了泛化意义上的人生事件，因此适用于一般性的人生中压力感的自我评定（Cohen, Kamarck, & Mermelstein, 1983）。除此之外，还有一些针对具体人生领域的压力测量工具，如Cooper开发的16条目的工作压力问卷（Cooper, 1981）、De Bruin与Taylor开发的15条目的一般工作压力问卷（General Work Stress Scale; De Bruin & Taylor, 2005），以及Lait与Wallace开发的6条目的工作压力量表等（Lait & Wallace, 2002）。

压力的结果与影响因素

传统的压力研究多探讨客观压力源对个体身心健康以及相关结果的影响，发现压力源可以带来血压、心率、胆固醇水平以及心脏等方面身心的不健康状态（Cooper & Marshall, 1976）。传统压力源主要是一些非常规的压力源，如失去亲人、失业、处于高强度噪声下或高密度人群中等（Cohen et al., 1983）。传统研究中测量压力源对个体身心健康影响的方式，要么是计算事件发生的次数，要么是以一定的权重来对各个事件的影响进行加和。虽然使用客观压力事件来衡量其对个体身心健康的影响具有一定的优势，如简单、可量化等。但是研究者们发现，压力源对个体身心健康的影响，在一定程度上取决于个体对他们感受到的压力的知觉（Lazarus & Folkman, 1984）。因此，对于知觉到的压力，也称为压力感在压力源与压力结果之间的作用，也得到了大量的研究。

例如，大量研究发现了工作压力感对组织中重要结果变量的负面影响，这些负面影响包括但不限于对个体行为与态度、组织效能与氛围等（Ganster & Schaubroeck，1991）。例如，压力被发现可以导致更高水平的缺勤（Hardy，Woods，& Wall，2003）、偏差行为（Penney & Spector，2005）、离职倾向（Boswell，Olson – Buchanan，& Lepine，2004）以及更低水平的工作满意度（Cavanaugh，Boswell，Roehling，& Boudreau，2000）和工作绩效（Motowidlo et al.，1986）等。然而，压力与绩效的关系在不同的研究中并不一致（LePine，Podsakoff，& Lepine，2005），显示出有可能存在对绩效产生不同影响的压力源。因此，Lepine 等（2005）区分出了挑战性压力源与阻碍性压力源，并发现挑战性压力源与阻碍性压力源虽然都会导致个体的压力感，但是前者会对绩效产生积极影响，而后者则会对绩效产生消极影响。

而同样，对于导致压力的压力源，研究者们也将注意力从非常规的人生重大事件转移到工作生活中的常规事件上来，如工作环境与条件（时间压力、工作负荷等）、角色压力源（角色冲突、角色模糊等）、职业发展（工作不安全感、晋升不足等）、社会影响（与领导、同事、下属关系、领导风格）以及组织架构问题（办公室政治、自主性低、参与度低）等（Cary L Cooper & Marshall，1976）。上述压力源，至少有一部分也同样适用于其他生活领域的压力，如学习领域等（Allen，McManus，& Russell，1999）。而除了环境事件之外，包括个人特质、态度、行为等在内的个人特征也可能会对压力产生影响。例如，有研究发现神经质的人格特质会更容易导致个体的压力反应（Bolger & Zuckerman，1995），而感恩的态度可以带来更低的压力水平（Wood，Maltby，Gillett，Linley，& Joseph，2008）。值得注意的是，如前所述，高水平的组织公民行为同样可能导致压力的升高（Bolino & Turnley，2005）。

3.1.3 工作满意度

工作满意度的定义与理论

工作满意度被定义为组织成员在其工作中取得了达到或者接近了其工作价值时所得到的积极的情绪状态（Locke，1969）。作为组织中除了绩效之外最重要的指标之一，工作满意度的研究几乎伴随着整个管理学的发展进程，从

1930年代至今不断得到研究者们的极大重视（Agho, Mueller, & Price, 1993; Connolly & Viswesvaran, 2000），相关文献汗牛充栋。在本书中，笔者将只就与工作与家庭关系相关的工作满意度研究做一个简单梳理。

对于工作满意度的产生，Vroom（1960）认为工作满意度来自个体对参与的需要以及组织需要员工参与的关系。当个体有参与组织的需要，并且组织同时需要个体的参与时，个体就会知觉到对工作的满意度。而Locke则给出了一个更为详细的解释（Locke, 1969）。Locke认为，个体在对工作进行评价，得出工作满意度的过程中，包含三个成分。首先是个体对其工作内容的知觉，如感知到的每天的工作时长及加班时间。其次是个体的内在或者外在的价值标准，如认为合理工作的时长以及加班时间应该是多少。最后是个体有意识或潜意识地将自己的价值标准与对工作的知觉进行比较后进行的判断，如发现知觉到的工作时长与加班时间与自己价值标准中认为合理的工作时长与加班时间之间的差异等。如果工作知觉离价值标准越近，即差异越小，个体的工作满意度就越高。相反，如果工作知觉离价值标准越远，即差异越大，个体的工作满意度就越低（Locke, 1969）。

工作满意度的测量

对于工作满意度的测量，与其他心理结构测量多采用多条目甚至多维度量表较为不同的是，从1950年代以来长期存在并大量应用着单条目测量方式（Kunin, 1955）。有研究者认为，对于工作满意度来说，通过单一条目直接询问个体工作满意度的方式其有效性要比分维度多方面考察最后汇总的方式更能体现出个体对自身工作满意度的实际评价（Scarpello & Campbell, 1983）。后来也有元分析支持了单条目的工作满意度测量的有效性（Wanous, Reichers, & Hudy, 1997）。当然，对工作满意度的测量，也存在结构比较复杂的多维度量表。例如，Spector开发出的工作满意度问卷（Spector, 1985），共包括9个分量表和36个条目。1951年，Brayfield与Rothe开发出一套18条目的工作满意度测量工具（Brayfield & Rothe, 1951），经过Price与Mueller（1981）从中摘出6题形成的简化版，以及后续多个研究的信效度检验，成为较为常用的工作满意度测量工具（Brooke, Russell, & Price, 1988）。另一个较为常见的一般工作满意度的测量工具还有Cammann等开发的3条目的工作满意度量表

(Cammann, Fichman, Jenkins, & Klesh, 1983)。该量表在条目更少的情况下依然保持了较高的信效度,也得到了较为广泛的应用(e.g., Ellinger, Ellinger, & Keller, 2003; Rich, Lepine, & Crawford, 2010)。

工作满意度的影响因素与结果

最早期的研究者们对于工作满意度的影响因素,存在争论。争论的焦点集中在,工作满意度的高低,是纯粹的"内在原因",即工作性质的原因,还是纯粹的"主观原因",即员工个人的原因,抑或是工作性质与员工个人原因交互作用导致的结果(Locke, 1969)。工作满意度的影响因素曾被研究者分为五类,分别是技能多样性、任务同一性、任务显著性、自主性以及工作反馈(Hackman & Oldham, 1976)。

在 Price 与 Mueller(Price & Mueller, 1986)的离职研究中,将工作满意度作为中介变量,提出了工作满意度的三类影响因素,分别是环境因素、工作特征因素以及人格因素。Agho 等(1993)采用实证数据对 Price – Mueller 模型进行了修订,提出了工作满意度的预测因素模型,同样包括上述三类因素。其中对工作满意度进行有效预测的环境因素只有一个,即个体的其他工作机会,即个体在工作市场上的可选择度。而工作特征因素则有 11 个,包括了个体拥有的工作自主性(个体在工作中可以拥有的自由度)、角色模糊性(个体对工作角色期望的模糊的程度)、角色冲突(不同角色期望之间不兼容的程度)、角色过载(达成不同工作角色的期望超过了个体所拥有的时间等资源的程度)、分配公平(奖励与惩罚与工作的相关度)、领导支持(领导对工作相关事务的有帮助程度)、内部劳动力市场(组织具有阶梯架构的程度,人员只能从底部进入,然后凭借技术和知识晋升)、工作重要性(个体的工作对组织的贡献程度)、整合性(个体在工作团队中拥有亲密朋友的程度)、薪酬(报酬与工作绩效的挂钩程度)以及工作的例行性(工作的重复性)。而人格因素则有 3 个,包括工作动机、积极情绪与及消极情绪(Agho et al., 1993; Agho, Price, & Mueller, 1992)。其后对于工作满意度影响因素的探讨也大部分在上述三类因素的范围内,如特质性因素(Judge & Larsen, 2001)。

除了关注工作满意度的影响因素外,研究者们还关注工作满意度作为预测变量对个人及组织结果的影响。工作满意度被发现可以正向影响个体的组织承诺（Carsten & Spector，1987）、工作绩效（Iaffaldano & Muchinsky，1985）；以及负向预测个体的压力感（Bogg & Cooper，1995）、离职行为（Carsten & Spector，1987）等重要的个人与组织结果。对于工作满意度与工作家庭冲突的探讨，有研究发现工作满意度与工作家庭冲突之间存在显著的负向关系（Anafarta，2011；Gao，Shi，Niu，& Wang，2013），但是探讨方向绝大多数都是以工作满意度作为工作家庭冲突的结果变量。相反，以工作满意度作为预测变量探讨其如何影响工作家庭冲突的研究较少。

3.2 问题提出与研究假设

3.2.1 问题提出

如前所述，尽管已经有大量研究探讨了组织公民行为对个人与组织结果的积极与消极效应（Bolino & Turnley，2005；Bolino et al.，2002；Koys，2001；Nielsen et al.，2012；Ozer，2011；Sun et al.，2007），但是组织公民行为与工作家庭冲突的研究依然非常少。仅有的发现组织公民行为与工作家庭冲突正向关系的研究中，缺乏对其正向影响机制的实证证据（Halbesleben et al.，2009）。这使得我们对作为组织中两个非常重要、被广泛研究的构念（Greenhaus & Beutell，1985；Levy，2003）、组织公民行为与工作家庭冲突之间的关系机制仍然不够清楚，不能不说这是一个较为严重的理论空白。

基于社会交换理论（Blau，1964），笔者引入工作满意度和压力感，首先用工作满意度将组织公民行为与工作家庭冲突联系起来，构建了组织公民行为通过提升工作满意度来降低工作家庭冲突的中介机制。即，笔者预期工作满意度会中介组织公民行为与工作家庭冲突之间的关系。此外，笔者预期压力感将在组织公民行为通过工作满意度影响工作家庭冲突的关系中起到调节作用。具体地，在高水平的压力感下，组织公民行为与工作满意度之间的正相关将被弱化。通过基于社会交换理论的工作满意度作为组织公民行为与工作家庭关系中间的机制解释，以及压力感作为边界条件，本研究的结果可以帮助人们更加清晰地了解组织公民行为工作家庭关系的影响，从而促进组织公民行为的研究边界。

3.2.2 组织公民行为与工作家庭冲突：工作满意度的中介作用

组织公民行为指的是员工在工作本身要求之外所做出的能够促进组织效能的行为（Organ，1988）。根据社会交换理论（Blau，1964），员工的助人、建言等有利于同事和组织的公民行为可以给自己带来同事以及上级的资源与反馈，从而形成资源更多的社会网络（Bolino et al.，2002），助益自身的绩效表现。例如，高水平的组织公民行为水平可以提升员工的绩效水平（Ozer，2011），以及获得上级对其更高的绩效评价等（Halbesleben et al.，2010）。此外，组织公民行为还可以让员工知觉到自己的工作更有意义，并让自己在工作中更有活力（Lam，Wan，et al.，2015）。这些积极的结果将会让员工对自己当前的工作状态产生更加积极的态度，即可能产生更高的工作满意度。的确，已有研究发现了组织公民行为对员工工作满意度的积极影响（Munyon et al.，2010）。

同时，知觉到更高水平工作满意度的员工，他们的积极情绪和情感状态也可能会溢出到家庭领域，带来更积极的情绪体验，从而减少工作家庭冲突。的确，已经有研究证据支持了工作满意度与工作家庭冲突之间的负向关系（Bacharach et al.，1991；Frye & Breaugh，2004；Kossek & Ozeki，1998）。综合上述推理，我们认为，员工的组织公民行为可以提升其工作满意度，进而通过工作满意度的提升降低其工作家庭冲突。也即，员工的工作满意度在组织公民行为与工作家庭冲突的关系间起到中介作用。由此，我们提出以下假设：

假设1：组织公民行为与工作满意度之间存在正向关系。
假设2：工作满意度与工作家庭冲突之间存在负向关系。
假设3：员工的工作满意度在组织公民行为与工作家庭冲突的关系中起中介作用。

3.2.3 组织公民行为与工作满意度：压力感的调节作用

压力感指的是在压力源的作用下个体产生的一种心理知觉（Lazarus，1966）。与压力源的相对客观不同，个体知觉到的压力感则带有更多的主观性，受到情境因素的影响。个体在组织中知觉到较高水平的压力感时，往往代表其面临着更高的工作要求（Lazarus & Folkman，1984）。在工作要求处于高水平但组织资源供给不变的情况下，个人通过组织公民行为来达成高水平绩效以及领导评价的难度会更高。根据社会交换理论（Blau，1964），个体会知觉到来自组织的正性反馈变少，基于互惠原则，个体对组织的正性反馈也会变少。这样导致的结果，就是个体对工作的满意度相对下降。

相反，在压力感水平较低的情况下，组织对员工的工作要求较少，个人通过组织公民行为来达成高水平绩效以及领导评价会更加容易。根据社会交换理论（Blau，1964），个体会知觉到更多的来自组织的正性反馈，仍然基于互惠原则，个体对组织的正性反馈也会变多。这样导致的结果，就是个体对工作的满意度相对上升。因此，我们假设，压力感在组织公民行为与员工工作满意度的正向关系中起到弱化调节作用，更高水平的压力感，会导致组织公民行为与工作满意度之间的正向关系变弱。结合前文中假设的工作满意度在组织公民行为与工作家庭冲突关系中的中介作用，我们提出以下调节中介假设：

假设4：压力感在组织公民行为经过员工工作满意度至工作家庭冲突的中介关系中起到调节作用。具体地，较高水平的压力感将弱化组织公民行为与工作满意度之间的正向关系。

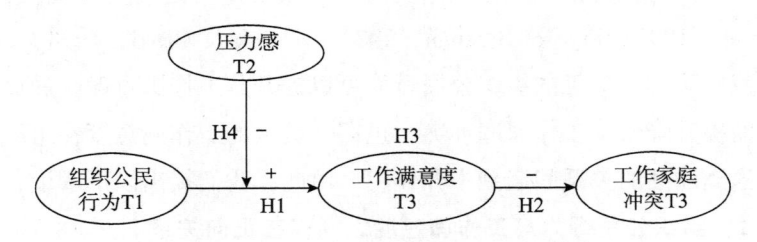

图4 组织公民行为与工作家庭冲突间工作满意度的中介作用，以及压力感的调节作用

3.3 方法

3.3.1 研究样本与研究程序

在本研究中，数据来自一个大规模的公共数据库，称为工作、家庭与健康

数据库［Work, Family, and Health Study（WFHS, Bray et al., 2013］。参与者为一家世界 500 强公司信息技术部门的员工，共 400 人，分布在 108 个团队中。在时间点 1（基线时间点），400 名员工报告了他们的组织组织公民行为水平。在 6 个月之后的时间点 2，员工报告了他们的压力感水平。又 6 个月之后的时间点 3，员工报告了其工作满意度的水平。最后，在 6 个月后的时间点 4，员工报告了其工作家庭冲突水平。在 400 名员工中，296（反应率 = 74%）人完成了所有四次测量。296 名被试的平均年龄是 39.88 岁（SD = 12.19），37.8% 的员工（112 人）为女性员工中，81.1% 拥有本科及以上学历，17.2% 拥有大专学历，仅有 1.7% 的员工拥有高中学历。

3.3.2 测量

组织公民行为（Organizational Citizenship Behavior）。组织公民行为的测量采用的是由 Lambert 开发的 4 条目的组织公民行为量表（Lambert, 2000）。员工被要求评价他们与同事之间的关系，并据此在李克特 5 点计分量表上回答问题（1 = 从不，2 = 很少，3 = 有时，4 = 基本会，5 = 一直都）。一个例题为"当你的同事不在时，你在多大程度上愿意帮助他们完成工作？"。组织公民行为测量的内部一致性系数 Cronbach's α 为 .71。

压力感（Perceived Stress）。压力感使用 4 条目的知觉压力问卷来测量（Cohen et al., 1983），它是目前领域内应用最为广泛的压力自我评估工具。员工被要求在李克特 5 点计分量表（1 = 从不，2 = 基本从不，3 = 有时，4 = 经常，5 = 非常经常）评价其知觉到的压力。一个例题是："在过去的 30 天里，你有多经常感觉到你无法控制生活中重要的事？"。压力感测量的内部一致性系数 Cronbach's α 是 .79。

工作满意度（Job satisfaction）。工作满意度的测量使用了 3 个条目的工作满意度量表（Cammann et al., 1983）。该维度包括 3 个条目。被试被要求对他们的工作在 5 点计分的利克特量表上进行评价（1 = 非常不同意，2 = 不同意，3 = 不清楚，4 = 同意，5 = 非常同意）。一个例题为："总体来说，你对你的工作感到满意"。工作满意度测量的内部一致性系数 Cronbach's α 是 .87。

工作家庭冲突（Work-family conflict）。工作家庭冲突是采用了 Netemeyer

and Boles（Netemeyer et al.，1996a）的工作家庭冲突量表进行测量。该量表有 5 个条目。员工被要求回忆他们过去 6 个月的工作，并据此在李克特 5 点计分量表上回答问题（1 = 非常不同意，2 = 不同意，3 = 不清楚，4 = 同意，5 = 非常同意）。一个例题为"工作上的要求对你的家庭或者个人的时间产生了干扰"。工作家庭冲突测量的内部一致性系数 Cronbach's α 是 .92。

控制变量。员工的性别、年龄、教育水平以及工龄在本研究中被控制。性别与年龄、教育水平与工龄等都被发现可能会与员工的工作家庭冲突相关（Michel et al.，2011）。

3.4 结果

3.4.1 初步分析

因为本研究涉及的所有员工分布在 100 个工作团队中，因此有可能这些员工数据本身彼此不够独立，因而产生嵌套性。因此，我们计算了组内系数（ICCs；Shrout & Fleiss，1979）来检验研究变量因为嵌套而可能产生的群组效应。ICC1 系数体现的是群组能够解释的变异。对于组织公民行为来说，ICC1 为 .06，压力感的 ICC1 为 - .02，工作满意度的 ICC1 为 .02，工作家庭冲突的 ICC1 是 .13。ICC2 系数体现的是群组均值的内部一致性。对于组织公民行为来说，ICC2 为 .15，压力感的 ICC2 为 - .06，工作满意度的 ICC2 为 .05，工作家庭冲突的 ICC2 为 .32。根据 Kenny（1995）的推荐，ICC1 在 .01 左右被认为是拥有较小的群组效应，ICC1 在 .10 左右被认为是拥有中等重度的群组效应，而 ICC1 如果达到 .15 则被认为是拥有较大的群组效应。此外，根据 Bliese（2000）的建议，ICC2 值在 .60 至 .70，才能表示群组均值比较稳定，适合将团队群组合并。一方面，除了工作家庭冲突外，本研究涉及变量的 ICC1 区间在 - .01 至 .05，可以认为这些变量具有低水平的群组效应。另一方面，本研究涉及所有变量的 ICC2 区间在 - .06 至 .32，可以认为这些变量的群组均值内部一致性较差，不适合进行合并计算。另外，本研究涉及的所有变量都是在个体水平上建构以及测量的，因此，本研究使用 SPSS 的多元回归插件 PROCESS 来分析个体水平上研究变量之间的关系。

3.4.2 区分效度检验

为了检验本研究中的关键变量（包括组织公民行为，压力感，工作满意度与工作家庭冲突）彼此之间互相独立，具有较好的区分效度，本研究构建了一个验证性因素分析（confirmatory factor analysis，CFA）。使用 Mplus 软件（Muthén & Muthén，1998 – 2012），验证性因素分析的结果显示 4 因素模型，即所有研究变量彼此互相独立，拥有较好的模型拟合度，χ^2（98）=147.84，$p<.001$，CFI =.98，TLI =.97，RMSEA =.04。具体看，4 因素模型相比其他任意两个变量组合起来的三因素模型（χ^2（101）= 282.21 ~ 600.58；CFI =.77 ~.92；TLI =.72 ~.90；RMSEA =.08 ~.13）、两因素模型（χ^2（104）= 694.45 ~ 910.05；CFI =.63 ~.73；TLI =.57 ~.68；RMSEA =.14 ~.16）以及单因素模型（χ^2（105）= 1177.10；CFI =.50；TLI =.43；RMSEA =.19）都拟合得更好。总体来说，上述结果显示，本研究的 4 个变量之间彼此具有较好的区分效度，显示出较好的独立性。

研究变量的均值、标准差、相关系数以及内部一致性系数等都如表 1 所示。时间点 1 的组织公民行为与时间点 3 的工作满意度呈正相关（$r=.15$，$p<.01$）。同时，时间点 3 的工作满意度与时间点 4 的工作家庭冲突呈负相关（$r=-.24$，$p<.01$）。此外，时间点 2 的压力感与时间点 3 的工作满意度呈负相关（$r=-.28$，$p<.01$），与时间点 4 的工作家庭冲突呈正相关（$r=.27$，$p<.01$）；针对人口统计学变量，员工的年龄与时间点 1 的组织公民行为呈负相关（$r=-.14$，$p<.01$）；而教育水平则与时间点 1 的组织公民行为（$r=.10$，$p<.05$）以及时间点 4 的工作家庭冲突呈正相关（$r=.17$，$p<.01$）。而员工的工龄则只与员工在时间点 3 的工作满意度呈现正向关系（$r=.12$，$p<.05$）。

表3 平均值、标准差以及相关系数

变量	均值	标准差	1	2	3	4	5	6	7
1. 性别	1.38	0.48							
2. 年龄	45.34	9.28	.12*						
3. 教育水平	4.77	0.49	-.21**	-.24**					
4. 工龄	12.87	8.58	.21**	.50**	-.40**				
5. 组织公民行为T1	3.77	0.57	-.07	-.14**	.10*	-.05			
6. 压力感T2	1.76	0.52	.04	-.09	.05	-.04	-.06		
7. 工作满意度T3	3.95	0.79	.06	.05	-.04	.12*	.15**	-.28**	
8. 工作家庭冲突T4	2.91	0.89	-.07	-.05	.17**	-.08	.02	.27**	-.24**

备注：$N=296$。表中括号内所注为变量的内部一致性系数。性别编码为1＝男，2＝女；教育水平编码为：1＝小学至初中，2＝高中，3＝高中毕业，4＝大专，5＝本科及以上。* $p<.05$；** $p<.01$。

第三章 行为因素：组织公民行为与工作家庭冲突的关系研究

3.4.3 假设检验

为了检验组织公民行为经过工作满意度的中介与工作家庭冲突的关系，以及这个中介关系中压力感的作用，本研究使用了有调节中介模型中的"第一段调节模型"（Edwards & Lambert, 2007），所谓第一段调节模型，即调节作用发生在自变量与因变量经过中介变量的间接效应中的前半段。在本研究模型中，工作满意度在组织公民行为与工作家庭冲突的关系中起到中介作用。压力感调节了组织公民行为到工作满意度的路径。因此，在压力感的不同水平下，组织公民行为对工作满意度也会相应产生不同的间接效应。

假设1与假设2预期组织公民行为与工作满意度呈正向关系，与工作家庭冲突呈负向关系。在控制了性别、年龄、教育水平以及工龄后，时间点1的组织公民行为对时间点3的工作满意度的直接正向效应显著（B = 0.19，SE = 0.08，$p < .01$，95% 置信区间（CI）= [0.04, 0.35]）。时间点3的工作满意度对时间点4的工作家庭冲突的负向效应同样显著（B = −0.29，SE = 0.07，$p < .01$，95% 置信区间（CI）= [−0.42, −0.16]）。此外，时间点1的组织公民行为对时间点4的工作家庭冲突的直接负向效应并不显著（B = 0.01，SE = 0.09，ns，95% 置信区间（CI）= [−0.17, 0.19]）。因此，假设1与假设2都得到了支持。

假设3预期了组织公民行为与工作家庭冲突之间工作满意度的中介作用。首先，把时间点3的工作满意度作为中介变量放入模型，结果显示时间点3的工作满意度在时间点1的组织公民行为与时间点4的工作家庭冲突之间的中介效应显著（B = −.06，SE = .03，$p < .05$，95% 置信区间（CI）= [−.12, −.01]）。接下来，在控制了性别、年龄、教育水平与工龄后，把时间点3的工作满意度作为中介变量，结果显示时间点3的工作满意度在时间点1的组织公民行为与时间点4的工作家庭冲突之间的中介效应仍然显著（B = −.06，SE = .03，$p < .05$，95% 置信区间（CI）= [−.13, −.01]）。因此，假设3得到了支持。

根据 Preacher 等（2007）的步骤，笔者还检验了假设预测的前调节中介模型。首先，直接检验压力感在组织公民行为经过工作满意度影响工作家庭冲突的关系中的调节作用，结果显示，时间点 1 的组织公民行为与时间点 2 的压力感对时间点 3 的工作满意度的交互作用显著（$B = .38$，$SE = .13$，$p < .01$，95% 置信区间（CI）$= [.12, .63]$）；在控制了性别、年龄、教育水平与工龄后，时间点 1 的组织公民行为与时间点 2 的压力感对时间点 3 的工作满意度的交互作用仍然显著（$B = .38$，$SE = .13$，$p < .01$，95% 置信区间（CI）$= [.13, .63]$）。在此基础上，以压力感的上下一个标准差为界进行简单斜率效应分析，结果如图 3 所示，在压力感高一个标准差的情况下，时间点 1 的组织公民行为与时间点 3 的工作满意度之间的正相关显著（$+1SD$；$B = .37$，$SE = .10$，$p < .01$，95% 置信区间（CI）$= [.17, .56]$）。然而，在压力感低一个标准差的情况下，时间点 1 的组织公民行为与时间点 3 的工作满意度之间的相关变得不显著（$-1SD$；$B = -.04$，$SE = .10$，ns，95% 置信区间（CI）$= [-.24, 16]$）。

此外，有调节中介系数分析（Hayes, 2013）显示，时间点 2 的压力感显著地调节了时间点 1 的组织公民行为经过时间点 3 的工作满意度影响时间点 4 的工作家庭冲突的间接效应（$B = -.11$，$SE = .05$，$p < .05$，95% 置信区间（CI）$= [-.23, .04]$）。具体地，在压力感高一个标准差的情况下，时间点 1 的组织公民行为经过时间点 3 的工作满意度影响时间点 4 的工作家庭冲突的间接效应显著（$+1SD$，$B = -.11$，$SE = .04$，$p < .05$，95% 置信区间（CI）$= [-.21, -.04]$），然而在压力感低一个标准差的情况下，上述间接效应变得不显著（$-1SD$，$B = .01$，$SE = .03$，ns，95% 置信区间（CI）$= [-.04, .08]$）。因此，假设 4 得到了支持。

第三章 行为因素：组织公民行为与工作家庭冲突的关系研究

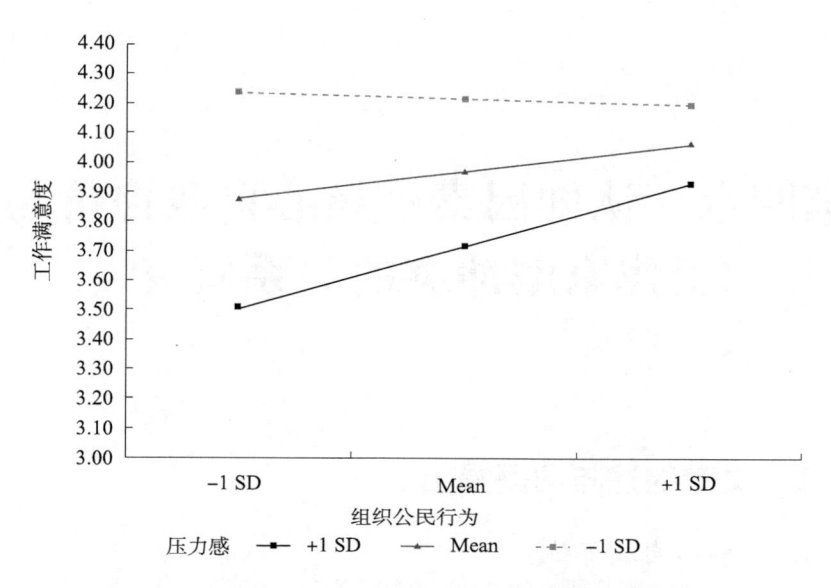

图5　组织公民行为与压力感交互作用预测工作满意度

表4　平均值、标准差以及相关系数

预测变量	工作满意度 T3 B	SE	工作家庭冲突 T4 B	SE
性别	0.13	0.09	-0.04	0.15
年龄	0.00	0.01	0.00	0
教育水平	0.13	0.10	0.29*	0.02
工龄	0.01	0.01	0.00	—
组织公民行为 T1	0.16*	0.07	0.07	0.04
压力感 T2	-0.47**	0.08	—	—
组织公民行为 × 压力感	0.38**	0.13	—	—
工作满意度 T3	—	—	-0.29**	12
R^2	0.15**	—	0.08**	—

备注：$N=296$。性别编码为 1 = 男，2 = 女；教育水平编码为：1 = 小学至初中，2 = 高中，3 = 高中毕业，4 = 大专，5 = 本科及以上。*$p<.05$；**$p<.01$。

第四章 认知因素:核心自我评价与工作家庭冲突的关系研究

4.1 文献综述与问题提出

4.1.1 核心自我评价

核心自我评价的定义与理论

组织成员的工作绩效和工作满意度一直是组织中最为重要的结果(Brief & Weiss, 2002; Gupta & Govindarajan, 1984)。因此,探讨工作绩效和满意度的前因变量,成为组织研究者的重要工作之一。学者们陆续发现环境特征,例如领导风格等(e.g., Yu et al., 2016),以及个人特征,如人格特质等(e.g., Arsenault & Dolan, 1983)都可能对组织成员的工作满意度和绩效产生影响。相较于环境特征,个人特征对于工作满意度和绩效的影响更加具有跨时间和空间的稳定性(Staw & Ross, 1985)。然而,针对工作绩效和满意度的个人特征因素的探索,却因为缺乏整合性的理论指导,出现了较为分散零碎的局面(Chang et al., 2012)。因此,学界逐渐出现了以一个更高阶,或者说更基本的概念来整合现有的核心人格特质的思路。如 Packer(1985)认为,应该有一个更加基本的"核心评价"来把已有的一些人格特质整合起来。在此基础上,Judge 等研究者(1997)提出核心自我评价(Core self-evaluation)的概念,以整合对个体的工作满意度产生核心影响的个人特质。核心自我评价被定义为个体对自身拥有的自我价值、自我竞争力和潜力等的基础性的评价(Judge et al., 1997)。Judge 等人认为,将一个个体与另一个个体区分出来的关键特质差异就是个体对自身以及自身与环境关系的基础性的评价。通过核心自我评价这个"框",把这些核心特质囊括进去,就可以形成一个整合的关于个体对自我

第四章 认知因素：核心自我评价与工作家庭冲突的关系研究

的评价的高阶概念（Judge, Locke, & Durham, 1997b）。

核心自我评价概念的出现，与组织与工作的形式产生重大变革以及积极心理学近年来逐渐得到重视的大趋势保持了时代上的同步性（Judge & Kammeyer–Mueller, 2011）。随着当今社会从工业社会逐步过渡到信息化社会，市场瞬息万变，竞争日趋激烈，传统的固定时间地点、固定形式、固定内容的"工作"已经越来越无法满足当前时代的需要。换句话说，当前组织对工作的需求从固定不变的工作能力到快速适应的竞争力，工作内容和形式也必须适应这种变化（Bartram, 2005）。工作的主体是组织中的人。无论是传统的固定性质的工作，还是当前需要的快速适应的工作，都需要由人来完成。这就要求组织成员不能再像在传统组织中那样被动地接受组织给予的工作任务，并期望依靠资历等来完成职业生涯的进步；而要求它们必须要主动地适应和改造其工作，并为组织的持续发展不断创造机会（De Vos & Soens, 2008）。在此基础上，个体要主动地推动自我成长，创造、塑造自己的职业生涯（Judge & Kammeyer–Mueller, 2011）。而个体能够主动地塑造工作环境和职业生涯的重要前提之一，是其拥有积极主动的人格特质（Bateman & Crant, 1993）。

因此，传统研究中对人格中焦虑、抑郁等负面特质的探讨，也逐渐在朝着学习、适应、满意等积极特质的探讨转向（Luthans, 2002）。这个转向的其中一个取向，便是在传统的人格特质之外，重新定义一个积极的人格特质。这一方面的典型探索如主动性人格（Crant, 2000; Seibert, Crant, & Kraimer, 1999）。主动性人格指的是个体试图改变环境的相对稳定的倾向性，体现的是个体在多变的环境中能够主动行事的特质性倾向（Bateman & Crant, 1993：103）。拥有高主动性人格的个体能够识别机会、采取行动并持之以恒，直到待改造的环境产生有意义的变化（Crant, 1995）。相较于传统的人格特质，如大五人格（开放性、责任心、外倾性、宜人性与情绪稳定性），主动性人格在预测组织重要结果时可以解释独特的、额外的变异。如有研究发现，管理者的主动性人格与其魅力型领导的水平呈正相关，并且主动性人格与魅力型领导的关系在控制大五人格特质之后仍然显著（Crant & Bateman, 2000）。

而核心自我评价，如前所述，则采取的是另外一个取向，即并不在现有的人格特质之外重新构建一个独特的新特质，而是在现有重要的人格特质基础上提炼出一个更为基础、或者更为高阶的共有特质。在 Judge 等（Judge et al.,

1997）整合人格特质的过程中，定义了三个标准来确定可以进入"核心自我评价"的范畴。这三个标准分别是评价取向、基础性以及视野。首先，评价取向指的是入选的个人特质应该是对自我特征的评价而不是描述。前者比如情绪稳定性，即对自身情绪特征的评价（Saucier, 1994）；而后者比如主动性人格，是对自身的主动性行为的描述（Seibert et al., 1999）。其次，基础性指的是入选核心自我评价的人格特质，应该是自我概念中的起到基础作用的核心特质或者首要特质。在 Allport 等（1936）为代表的人格特质学家的理论中，人格特质可以分为首要特质、中心特质和次要特质，其中首要特质在诸多人格特质中占据最基础与核心的地位，对其他的人格特质施加影响。最后，视野标准则指的是人格特质所涵盖的范围。比如自我效能感，可以是一般自我效能感，也可以是对特定工作任务的自我效能感。前者的视野较宽，后者的视野较窄。前者与自我概念的联结比后者更加紧密。总的来说，核心自我评价所包括的人格特质，首先应该是评价取向而不是描述取向，即应该是个体对自己人格特质的主观评价，而不是客观描述。其次，应该是人格特质中起到基础作用的首要特质或核心特质，而不是起从属作用的次要特质。最后，应该是宽视野的人格特质自我评价，而不是具体针对某个领域或范畴的自我评价。简单来说，核心自我评价应该是个体针对自身核心的、广泛意义上的人格特质的自我评价。

  根据以上评价取向、基础性以及宽视野的标准，Judge 等（1997）将控制源（Locus of control）、情绪稳定性（Emotional stability）、一般自我效能感（Generalized self–efficacy）以及自尊（Self–esteem）四个特质纳入了核心自我评价的范畴。首先，控制源描述的是个体将期望的结果归因为自身行动导致，还是外部环境导致（De Charms, 1968）。如果个体将期望结果的出现归因为自身行动导致，那么个体就是内归因倾向；而相反，如果个体将期望结果的出现归因为外部环境导致，那么个体就是外归因倾向。其次，情绪稳定性是大五人格的一个维度（Costa & McCrae, 1992）。情绪稳定性高的个体较少表现出情绪波动，更多体验到平静和安全感。而情绪稳定性较低的个体，或者叫作神经质水平较高的个体，将会有波动更大的情绪体验（不管是积极还是消极的），更少能够稳定自己的情绪。第三个特质是一般自我效能感。一般自我效能感是社会认知理论的核心概念之一，指的是个体对自己是否有能力顺利完成任务或者应对当前状况的自我估计（Bandura, 1982）。高自我效能感的个体对

第四章　认知因素：核心自我评价与工作家庭冲突的关系研究

自己的能力和应对水平的评价更高。自我效能感被认为是一个重要的行为结果的预测变量。个体的行为结果更多地决定于自我效能感，即对自己能力的主观评估，而不是客观的能力水平。最后一个特质是自尊。自尊指的是个体对自身自我价值的一般化判断（Rosenberg，1965）。高自尊的个体认为自己有更高的自我价值。

控制源、情绪稳定性、一般自我效能感与自尊都是在心理学领域被广泛研究的人格特质。但是，在 Judge 等学者之前，很少有人把这些特质结合起来进行探讨（Judge, Erez, Bono, & Thoresen, 2003）。即使有研究同时考虑了这几个人格特质，也只是把它们当作独立分隔的人格特质，而很少考虑他们之间可能的关系，更不用说它们可能共有的更高阶特质。Judge 等学者发现，在很多研究中，控制源、情绪稳定性、一般自我效能感与自尊四个人格特质都载荷在一个因素上（e.g., Erez & Judge, 2001）。例如，有研究发现，四个人格特质彼此之间的相关系数均值达到 0.64（Judge, Erez, Bono, & Thoresen, 2002）。此外，有研究显示，这个四个人格特质放在一起来预测重要的组织结果，比单独用一个特质来预测组织结果的效果更好（Erez & Judge, 2001）。

此外，Judge 与 Bono（2001）认为，这四个人格特质两两成对，都分别具有概念上的相似性。例如，控制源和一般自我效能感，都是针对行为结果与行为原因的关系的自我评价，内控型以及高自我效能感都更倾向于相信自己的能力可以左右行为的结果。Judge 等据此认为，之所以这些人格特质会两两具有概念相似性，是因为他们背后有一个更为基本的人格特质内核。这个人格特质内核，即核心自我评价，是其他更表层的人格特质之所以产生联系的机制。也就是说，控制源、情绪稳定性、一般自我效能感与自尊这四个人格特质只是一个更基础的，或者说更高阶的人格特质的表征而已。当核心自我评价的分数更高时，个人具有更适应、更积极、更自信等特征，这些特征就具体体现在表象上的四种人格特质上，带来更内控的人格、更高的情绪稳定性、更高的一般自我效能感与更高的自尊（Judge & Bono, 2001）。

虽然上述四个人格特质彼此高度相关，并且共享核心自我评价的核心特征，具有一定的理论和实证上的冗余性，但是四个概念仍然具有各自增益性的价值（Judge et al., 2003）。因此，核心自我评价首先并非是四个人格特质的完全取代，而只是对它们的共同核心特质进行抽象后的更基础概念。这同时也就意味着，核心自我概念并非由四个人格特质简单累加，成为一个四维度的多维人格构念，而是一个具有单一核心维度的单维构念。除了与四个成分特质之间的区分之外，还有研究者对核心自我评价相比其他人格特质的独特性做出了建设性的质疑，如 Schmitt（2004）认为核心自我评价与大五人格中情绪稳定性、外倾性与责任心三个维度的组合并没有明显的差别，并且内外控作为核心自我评价的一个维度，在数据结果上面的说服力也有所欠缺。作为回应，Judge 等人（2011）认为，在 Judge 等（Judge et al.，2003）的研究中，已经发现了在控制大五人格特质的基础上，核心自我评价还能够对工作绩效和满意度等重要组织结果产生显著影响，已经能够说明核心自我评价相比其他人格特质的区分效度。

核心自我评价的测量

对于核心自我评价的测量，有间接测量与直接测量两种方式。有的研究者是采用间接测量的方法，对于核心自我评价的四个维度分别采用不同的量表进行测量。例如，在 Boyar 与 Mosley（2007）考察核心自我评价与工作家庭满意度关系的研究中，就分别采用了自尊量表（Rosenberg，1965），人格量表中的神经质维度（Costa & McCrae，1992），控制源量表（Levenson，1974）以及一般自我效能感量表（G. Chen，Casper，& Cortina，2001）来分别进行测量。直接测量方法则多是采用核心自我评价概念的提出者 Judge 等研究者开发出的核心自我评价量表（Core self-evaluation Scale, CSES; Judge et al., 2003）。核心自我评价量表包括 12 个条目，虽然同是测量了核心自我评价的四个核心成分，即自尊、一般自我效能感、神经质与内控，但是量表整体保持了单一维度。该量表的信效度也得到了进一步研究的支持（Gardner & Pierce，2010）。

核心自我评价作为预测变量

首先，大量研究发现，核心自我评价与个体工作场合中的积极结果有着正向的关系。例如，有多个研究发现核心自我评价可以正向预测员工的工作绩效（Erez & Judge，2001；D. L. Ferris，2011；Grant & Sonnentag，2010；Grant & Wrzesniewski，2010；Joo，Jeung，& Yoon，2010；Kacmar，Collins，Harris，& Judge，2009；Lim & Tai，2014；Rich，LePine，& Crawford，2010；Rode et al.，2012）。进一步研究发现，核心自我评价可以通过多条路径对绩效发挥影响，这些路径包括但不限于提升目标设定的动机（Erez & Judge，2001），降低工作

第四章 认知因素：核心自我评价与工作家庭冲突的关系研究

怠（Grant & Sonnentag，2010），提升敬业度（Rich et al.，2010），降低回避动机（D. L. Ferris，2011）与提升内在动机等（Joo et al.，2010）。此外，还有研究发现，核心自我评价与员工的角色外绩效，如组织公民行为也有正向关系（Rich et al.，2010；Rode et al.，2012）。核心自我评价对组织公民行为的积极影响可以通过提升敬业度（Rich et al.，2010）以及降低回避动机（D. L. Ferris，2011）等途径来实现。相反，核心自我评价还可以降低反生产行为（D. L. Ferris，2011）。核心自我评价对反生产工作行为的负向作用可以通过降低回避动机（D. L. Ferris，2011）以及提升趋近动机（D. L. Ferris，2011）来实现。在其他的重要工作指标上，核心自我评价被发现可以通过提升个体的角色清晰度（Sears & Hackett，2015）来提高其领导—成员交换的水平（Sears & Hackett，2015）。此外，核心自我评价还被发现可以提高工作的意义感（Bipp，2010）以及工作自主性（Bipp，2010）。上述效应均支持了核心自我评价对工作场合结果的积极影响。

工作满意度是另一个重要的组织结果指标（Brief & Weiss，2002）。同样，有大量研究发现了核心自我评价对工作满意度的积极效应（Best, Stapleton, & Downey，2005；Brown, Ferris, Heller, & Keeping，2007；Dormann, Fay, Zapf, & Frese，2006；Judge & Bono，2001；Judge et al.，2005，2012；Rode et al.，2012；Srivastava, Locke, Judge, & Adams，2010；C. - H. Wu & Griffin，2012）。研究显示，核心自我评价可以通过降低工作倦怠（Best et al.，2005），建立自我一致的目标（Judge et al.，2005），减少社会比较（Brown et al.，2007），寻求更复杂的任务（Srivastava et al.，2010）等方式来提升工作满意度。类似地，核心自我评价可以缓解个体的工作压力状况和健康问题（Judge et al.，2012；Lim & Tai，2014），具体的效应包括带来更少的压力源（Kammeyer - Mueller, Judge, & Scott，2009），减少回避型的应对方式（Kammeyer - Mueller et al.，2009），减少压力感（Kammeyer - Mueller et al.，2009）和工作倦怠感（Best et al.，2005；Grant & Sonnentag，2010）等，并且可以减少个体的健康问题（Judge et al.，2012）。此外，核心自我评价还可以通过降低社会比较（Brown et al.，2007）和提升任务重要性（Stumpp et al.，2009）等途径来提升个体对组织的情感承诺（Brown et al.，2007；Rode et al.，2012；Stumpp, Hülsheger, Muck, & Maier，2009）。

对于更广义的职业生涯而言，核心自我评价也被发现具有积极的价值。例如，有研究发现核心自我评价水平高的个体具有更高水平的收入（Judge & Hurst, 2007; Judge et al., 2009）。在职业生涯的转换阶段，核心自我评价也被发现可以带来更多的工作搜索行为（Brown et al., 2007）。这个积极效应可以通过减低社会比较（Brown et al., 2007），提升工作满意度（Brown et al., 2007）和提升对组织的情感承诺（Brown et al., 2007）等途径来实现。有研究还对核心自我评价与一般意义上的职业成功，包括收入、地位与工作满意度的关系进行了探讨，结果发现，核心自我评价不仅可以提升职业成功的初始水平（Judge & Hurst, 2008），即更高的初始收入水平、更高的初始入职职级和更高的初始工作满意度，还与职业成功的发展速度呈正相关（Judge & Hurst, 2008）。这就是说，核心自我评价更高的个体，其收入的增长速度更快，职位上升的速度更快，工作满意度提升的速度也越快。

在对工作领域之外的人生领域而言，核心自我评价也被发现具有积极的效应。例如，核心自我评价较高的个体，其财政限制更少（Judge et al., 2009），幸福感也更高（Creed et al., 2009）。核心我评价更高的个体还拥有更高的人生满意度（Judge, Bono, Erez, & Locke, 2005），能够更好地设立自我一致的目标（Judge et al., 2005），后者也是高核心自我评价个体能够拥有更满意人生的路径之一。如果将工作领域与人生领域综合考虑，在工作家庭关系上，核心自我评价也被发现可以降低个体的工作家庭冲突，包括更低的工作至家庭冲突（Boyar & Mosley, 2007; Lim & Tai, 2014）以及更低的家庭至工作冲突（Boyar & Mosley, 2007; Lim & Tai, 2014）。

4.1.2 职业韧性

职业韧性的概念定义与理论

所谓韧性，指的是能够让个体在不利环境中进行积极适应的个体个性品质的集合（Luthar, 2015），是在不利环境中保持自我平衡的能力（Bonanno, 2004）。不管是积极适应还是保持平衡，韧性这一构念的核心要素都是对压力状态的"反弹"或者从不利环境中"恢复"的动力过程（Luthar, 2015）。作为一个在个性心理学领域里的重要概念，韧性在职业发展领域得到的关注还远远不够（Bimrose & Hearne, 2012）。对于职业韧性的性质，一些研究者倾向于

第四章 认知因素：核心自我评价与工作家庭冲突的关系研究

认为职业韧性是一种能力，是一种能够从职业相关的不利情境中恢复的能力（Abu-Tineh，2011）。而另有些学者认为职业韧性其实是一个过程。如 Mansfield 等就以教师的职业韧性为研究对象，提出职业韧性是一个动态过程，是个体与环境跨时间交互的结果，体现出个体对于有挑战性的或者不利的情境的反应（Mansfield, Beltman, Price, & McConney, 2012）。相比能力视角的定义，从过程的角度来考虑职业韧性，可能更能够反映个体在面对不利情境、需要"反弹"时所依赖的意外的重要环境因素，尤其能够体现出个体与环境的交互过程。基于前人的两方面定义，Mishra 与 McDonald（2017）总结出职业韧性的三个特点。首先，职业韧性是个体职业生涯中不断发生的过程，而不是一次性事件。其次，职业韧性是一种积极适应的过程。最后，在个体的职业生涯中，因为专业领域和人生领域的挑战与干扰无处不在，因此不利环境在所难免。归结以上三点，他们也提出了一个职业韧性的定义，即职业韧性就是个体在职业发展过程中不管发生什么挑战、变化或干扰，都能够坚持、适应以及有所成就的发展过程。

虽然有研究者认为职业韧性是一个独立的构念，但是目前并未有达成共识（Mishra & McDonald，2017）。传统上，职业韧性被一些研究者看作是职业动机（London，1983）或职业承诺（Carson & Bedeian，1994）的其中一个成分。所谓职业动机，其实是 London 等研究者为了把职业相关的特质用一个统一的框架结合起来而做的理论努力的结果，是一系列的与个体职业决策和职业行为相关的个体特质的集合（London，1983；London & Noe，1997）。这些特质包括了个体的职业同一性，对影响个体职业发展的因素的洞察（职业洞察力），以及对于不利的职业情境的韧性，即本研究中的职业韧性。因此，职业动机是一个包含三个成分的多维概念，它深植于个体认知中、受到环境影响，并体现在行为上（Noe, Noe, & Bachhuber，1990）。更准确地说，职业动机是包含了三个领域的多维概念。职业同一性、职业洞察力与职业韧性并非三个独立的概念，而是包含多个更细分维度的领域（Domain）。这些更细分的维度包括需要、兴趣与人格特质等与个体的职业相关的特质。其中，职业同一性涵盖了其中反映个体的职业动机方向的一些特质，职业洞察力与职业韧性则涵盖了反映职业动机里唤醒、力量与坚持的一些特质（London，1983）。

职业同一性指的是个体的职业对其人生的中心性，是职业动机的方向维度

(Noe et al., 1990)。根据 London (1983)，职业同一性包括两个子维度，工作卷入度与职业晋升愿望。工作卷入度又包括了职位卷入度（对于自身当前工作的兴趣与满意度）、专业取向（对一个专业领域的认同感）、对管理工作的承诺（相比其他工作而言对管理工作的偏好）、工作的优先度（相比其他人生领域，职业可以给个体带来的满足感）以及对组织的认同度（组织在其自我概念中的核心程度）。而职业晋升愿望则包括进展需求（对晋升等职业进步的需要），认可需求（对被他人承认、认可的需要）、支配性需求（对领导和指导他人的需要）与金钱需求（获取金钱的需要）等刺激物的需要，以及延迟满足能力（愿意等待晋升和其他职业荣誉的意愿）等。对于职业同一性较高的个体来说，对职业是否满意要比其他领域的满意度更加重要（London, 1983; London & Mone, 1987）。

职业洞察力是职业动机的唤醒维度（Noe et al., 1990），指的是个体对自身及所在组织的现实性的认识，以及将这些认识与职业目标联系起来的程度。根据 London (1983)，职业洞察力与目标灵活性（愿意调整或者更换职业目标的程度）以及变化需要（对新的、不一样的职业经历的兴趣）呈负相关关系。而相反，与目标清晰度（个体对其职业目标的清晰程度）、路径目标清晰度（个体对其达成职业目标的方法的清晰程度）、社会知觉性（对组织与人际关系如何影响职业进展的敏感度）、自我客观性（对自身的优劣势以及内在动力具有客观准确的评估）、期望的现实性（对于晋升、薪酬等职业结果的期望的现实度）、职业决策制定（进行全面与果断职业决策的倾向性）以及未来时间取向（预期未来与为了未来目标而工作的倾向性）等特质呈正相关关系（London, 1983; London & Mone, 1987）。

职业韧性是职业动机的维持维度（Noe et al., 1990）。London 将其定义为个体在不理想的环境下面对职业干扰的抵抗力（London, 1983）。根据 London (1983)，个体具有高水平的职业韧性时并不意味着其对环境的敏锐度下降，而指的是更有能力去有效应对负面或不利的环境条件。职业韧性又可以包括三个子维度，分别是自我效能感、风险寻求以及依赖性。第一个是自我效能感。自我效能感又可以再细分为自尊（个体拥有一个积极的自我印象的程度）、自主性需求（需要独立自主的程度）、适应力（对工作与组织变化的接受度与适应性）、内在控制（对个体能够影响晋升、工作分配等职业结果的信念）、成

第四章 认知因素：核心自我评价与工作家庭冲突的关系研究

就需求（对把困难工作任务做好的需要）、主动性（采取行动来优化职业生涯的需要）、创造力需求（创造新的方法、产品、流程等的需求）、内在工作标准（即使可能不符合外在标准，也要按照内心的准则来做好工作的需要）以及发展取向（拓展自身知识与技能的需要）等。第二个子维度风险寻求，包括风险寻求倾向（拿工作、金钱、自尊等有价值的东西进行冒险来获取更多价值的倾向）、对失败的恐惧（对不能完成自己或他人预期自身应该达到目标的恐惧）、安全感需求（对安全的雇佣关系的重要性评估）以及对不确定性和模糊性的忍耐度（在不确定与无秩序的情境中个体的工作绩效能够保持在稳定水平的程度）。第三个子维度依赖性则包括了职业依赖性（期望组织或者上级来对自己的职业生涯进行指导）、对上级认可的需要（对权威人物的情感依赖性）以及对同事认可的需要（对同时的情感依赖性）。依赖性还包括一个竞争性的特质，即与同事进行竞争的需要。只是，竞争性特质与依赖性的其他特质呈负相关，也即，低竞争力反映出依赖性。当个体具有高职业韧性时，应该具备高水平的自我效能感、风险寻求，以及低水平的依赖性。而相反，如果个体的自我效能感低、倾向于规避风险、依赖他人、寻求确定性等，则反映出其较低水平的职业韧性。从职业动机的三个领域分类可以看出，职业韧性在其中居于一个动力的成分，而处于相对核心的位置（London, 1983; London & Mone, 1987）。

London 等研究者对包括职业韧性在内的职业动机与领域内的知识进行理论联结，构建了整合性的职业动机模型（London, 1983）。职业韧性及职业同一性以及职业洞察力，被包括在职业动机模型的个人特征部分。除了个人特征之外，职业动机模型还包括了环境特征以及职业决策与行为两个部分。环境特征指的是能够对个体的职业动机产生影响的环境因素，如工作场合中工作特征因素、领导与团队因素以及组织文化因素等。环境特征的各个成分与个体特征基本一一对应。例如，对职业韧性产生影响的环境特征因素包括组织对个体的正性强化、建设性的绩效反馈、对自主性的鼓励、个人控制与决定的机会、取得成就的机会、对创新的支持、对质量的要求、对学习与技能发展的支持等（London & Noe, 1997）。类似地，职业决策与行为包括了评估职业信息、设定职业目标、制定职业决策以及执行决策内容等内容。其中职业决策的部分虽然是认知过程，但却是在职业决策的结果、即职业行为中体现出来（O'Reilly &

Caldwell，1981）。与环境特征与个人特征一一对应类似，职业决策与行为的各个成分也与个人特征以及环境特征有着一一对应的关系（London，1983；London & Mone，1987）。

职业动机模型是一个三元模型，三个顶点分别为个体特征、情境特征以及职业决策与行为（Noe et al.，1990）。职业动机模型的两个理论基础分别是前景推理（O'Reilly & Caldwell，1981）以及回顾推理（Salancik & Pfeffer，1978）。所谓前景推理，指的是个体的选择、兴趣以及期望会影响其职业决策以及职业行为，强调的是个体的主动性。而回顾推理，则指的是个体的职业决策、职业行为以及环境反过来会影响其心理状态，包括其对环境的解释，强调的则是环境的决定性。职业动机理论同时将前景推理与回顾推理放入模型，成为模型中两条方向相反的路径。首先，个体特征一方面可以通过前景推理路径来影响职业决策与行为，另一方面也可以通过回顾推理路径来影响其对与环境特征的知觉与解释。类似地，环境特征一方面可以通过前景推理路径来影响职业决策与行为，另一方面也可以通过回顾推理路径来影响个体的心理特征。此外，职业决策与行为反过来也可以通过回顾推理路径来影响个体特征。最后，在环境特征对职业决策与行为通过前景推理路径的影响关系中，个体特征还可以通过前景推理路径起到强化或弱化的调节作用（London，1983；London & Mone，1987）。

前人的动机理论中，要么片面强调环境因素对个体动机和绩效的决定作用，要么片面强调个体差异对其动机和绩效的影响（London，1983）。而职业动机模型融合了前人研究中探讨个体主动性以及对环境决定性的两个分支，同时看重个体的认知、情感、行为以及环境特征之间的权变互动关系，提供了一个理解职业动机与行为更全面的视角。而职业韧性，作为职业动机模型中个体特征的核心成分，其与环境特征中的组织优势与支持以及职业决策与行为特征中的增加个体效能的一一对应关系，则提供了一个跨越认知、行为与环境边界的看待动机相关因素的通径。

另一个将职业韧性作为核心成分的概念是职业承诺。职业承诺指的是个体对其职业（包括专业）的态度（Blau，1988）。Blau（1989）所构建的职业承诺理论模型中，职业承诺的方向成分职业同一性，以及职业承诺的坚持成分职业韧性这两个成分与London（1983）的职业动机中的相应两个成分重合。在

第四章　认知因素：核心自我评价与工作家庭冲突的关系研究

Blau（1989）研究的基础上，Carson 与 Bedeian（1994）发展出一个职业承诺模型，包括职业同一性、职业规划与职业韧性三个维度。其中，职业同一性指的是与自己的职业建立紧密的情感联结；职业规划指的是决定个体的发展需要并设定职业目标；职业韧性则指的是在不利环境中抵抗职业中的干扰。如前所述，职业韧性在职业承诺的构念中是作为坚持成分存在，与其在职业动机构念中的作用类似。

职业韧性的测量

作为个体所拥有的一个受到环境影响，又在个体行为中体现出来的一个多维度个体特征，职业韧性体现了个体在职业决策与行为过程中抵抗不利条件的能力，是在当前多变、不确定的时代中个体生存与发展的核心技能之一（Cascio，2007）。研究者为了更好地探讨职业韧性在组织中的作用，开发出一系列职业韧性测量工具。然而，早期研究中都是将职业韧性作为职业动机或者职业承诺的一个成分而不是一个独立的理论构念进行测量。例如，最早的职业韧性测量是被作为职业动机的一个维度，采用评分者对被试的主观报告进行打分的方式来进行的（London & Bray，1984）。其后，Noe 等（1990）开发了纸笔式量表，用自我报告的方式来考察职业动机的行为表现。其中，13 条目的职业韧性测量只是 26 条目的职业动机量表的一个维度。类似的还有 London（1993）开发的从态度与感受的角度测量职业动机的量表，也是将职业韧性作为职业动机的一个维度来进行测量。上述量表的理论基础都是职业动机理论。与此不同的是，Carson 与 Bedeian（1994）从职业承诺的视角出发，开发了将职业韧性作为其中一个维度的 12 条目的职业承诺量表。随着时代发展，职业的情境也在发生变化，职业韧性在一些行业中得到了越来越多的重视，例如职业韧性在教师行业、护士行业中的作用被越来越多的研究所发现；然而在人力资源管理等领域，虽然职业韧性也被越来越多的研究者提及，但相关研究以及测量工具的开发、修订工作仍然非常稀缺（Mishra & McDonald，2017）。

职业韧性的影响因素与结果

一系列的研究将职业韧性作为一个效标变量，关注职业韧性如何受到其他个体特征以及环境特征的影响。在个体特征方面，有研究发现职业韧性与组织中管理者的情绪稳定性（Arora & Rangnekar，2015）、开放性（Arora & Rangnekar，2015）、责任心与宜人性（Arora & Rangnekar，2016）之间有正向关系。此外，有研究发现职业韧性与内部控制源（Brotheridge & Power, 2008）、自我效能感以及自尊（Gowan, Craft, & Zimmermann, 2000）存在正向关系。另外，在一项组织承诺与学术职业离职倾向的研究中，继续承诺被发现与个体的职业韧性存在负向关系（Kidd & Green, 2006），也即，对组织的继续承诺越高，个体的职业韧性反而越低。在职业相关的变量中，职业取向，即职业对个体的重要性，与职业韧性呈正相关关系（Coetzee, Mogale, & Potgieter, 2015）。而相反，无边界职业生涯与职业韧性则呈负相关关系（Lyons, Schweitzer, & Ng, 2015）。而在环境特征方面，有研究发现了领导支持与职业韧性之间的正向关系（Brotheridge & Power, 2008）。工作的自主性、反馈与技能的多样性也被发现可以正向地影响个体的职业韧性（Brotheridge & Power, 2008; Noe et al., 1990）。除了工作环境外，还有研究发现，来自家庭与朋友的非正式帮助可以帮助个体提升自身的职业韧性（Papatraianou & Le Cornu, 2014）。最后，随着个体的年龄增长、经历增加，其职业韧性也会随之增长（Noe et al., 1990）。

在已有研究中，职业韧性也被一些研究者作为个体特征预测因素，来对个体以及组织结果进行预测。有研究发现，拥有高水平韧性的个体在发展技能适应环境上具有一定的优势。例如，高韧性的未成年人在面对职业不确定性等压力源时，更能够发展自己的应对策略和技能来解决问题（Smokowski, Reynolds, & Bezruczko, 1999）。对于大学生而言，高水平的职业韧性与延迟满足、对他人的依赖以及职业决策困难呈负相关，而与内在控制、做决策的速度呈正相关（Shin & Kelly, 2015）。而在成年人群体中，也有研究发现职业韧性与个体的积极情绪（Coetzee et al., 2015）以及职业满意度（Lyons et al., 2015）存在正向关系，而与工作中的情绪耗竭则存在负相关（de Lucena Carvalho, Fernández Calvo, Hernández Martín, Ramos Campos, & Contador Castillo, 2006）。还有研究发现职业韧性可以正向地预测个体的职业管理（Chiaburu, Baker, & Pitariu, 2006）。具体地，职业韧性高的个体会更少地考虑更换职业，如不再从事心理学专业（Carless & Bernath, 2007）或者离开科学界（Kidd & Green, 2006）。此外，有研究发现职业韧性与个体、团队与组织学习（Abu-Tineh, 2011）以及创新呈正相关（Grzeda & Prince, 1997）。

4.2　问题提出与研究假设

4.2.1　问题提出

虽然已有大量研究发现核心自我评价可以有益于广泛意义上的人生发展中的重要指标，如幸福感（Creed, Lehmann, & Hood, 2009），人生满意度（Judge, Bono, Erez, & Locke, 2005）与健康状态等（Judge, Ilies, & Zhang, 2012）。然而，关于核心自我评价与工作家庭冲突关系的研究仍然非常少见。在一些研究中（e. g., Boyar & Mosley, 2007；Haines et al., 2013），虽然提供了核心自我评价与工作家庭冲突负向关系的初步证据，但是这些研究使用的都是横截面数据，还将工作家庭冲突视为单一维度，并缺乏对核心自我评价与工作家庭冲突的关系机制的探讨。以上不足导致了核心自我评价与工作家庭的关系仍然不够清楚。

此外，尽管Greenhaus and Beutell（1985）在理论上将工作家庭冲突氛围定义为三种类型，即基于时间的冲突，基于压力的冲突以及基于行为的冲突，然而绝大部分工作家庭冲突领域的研究实际上只探讨了基于时间的冲突以及基于压力的冲突（O'Driscoll et al., 2005）。基于行为的工作家庭冲突在文献中非常少见（Dierdorff & Ellington, 2008）。

基于上述两点不足，本研究提出并检验了一个核心自我评价与基于时间、基于压力和基于行为的三个维度的工作家庭冲突之间的双通道中介模型。首先，基于资源分配理论（Becker, 1965；Bergeron, 2007），笔者首先提出工作压力会中介核心自我评价与基于时间、基于压力的工作家庭冲突之间的负相关，同时中介核心自我评价与基于行为的工作家庭冲突之间的正相关。具体地，笔者预期核心自我评价与工作压力之间呈负相关关系，而工作压力将与基于时间和基于压力的工作家庭冲突呈正相关，而与基于行为的工作家庭冲突呈负相关。其次，基于角色理论（Katz & Kahn, 1978），笔者假设，体现出个体对于职业目标的坚持性以及对不利职业环境的抗性的职业韧性将会中介核心自我评价与基于行为的工作家庭冲突之间的关系。此外，基于资源分配理论（Becker, 1965；Bergeron, 2007），笔者还假设职业韧性将会中介核心自我评价与基于时间的和基于压力的工作家庭冲突之间的关系。具体地，笔者假设核心自我评价与职业韧性之间呈正相关关系，而职业韧性将与三种工作家庭冲突之间都呈正向关系。

4.2.2 工作压力在核心自我评价与工作家庭冲突之间的中介作用

首先，核心自我评价代表了一种总体意义上的积极自我概念，个体如拥有高水平的核心自我评价，即高水平的自尊，将会认为自己是有竞争力的（Judge et al., 1997a）。因此，这种自我评价的高竞争力会让这些个体更少受到外界环境的影响。例如，外在的压力源可能更少会负面影响这些高核心自我评价的个体（Folkman, 2008），导致个体产生压力。此外，高水平的核心自我评价带来的积极情感同样也有助于个体来应对压力事件。此外，基于资源分配理论（Becker, 1965; Bergeron, 2007），个体的资源如时间和能量都是有限的，在一个任务或领域中消耗的资源将会降低其他任务或领域中的可用资源。对于处在高水平工作压力状况下的个体而言，如果想要更加有效地应对工作压力，他们必须要使用其有限的个体资源。资源被应对工作压力所消耗后，可用于家庭领域的资源因此就会变少。这就可能带来工作家庭冲突。此外，基于压力的工作家庭冲突其定义即是工作场合的压力溢出到家庭领域所带来的冲突（Greenhaus & Beutell, 1985），因此，我们可以理性推断，工作压力将会导致更高水平的工作家庭冲突。此外，当工作压力从工作领域溢出至家庭领域后，压力就将同时在工作领域和家庭领域蔓延（Eckenrode & Gore, 1990）。这时候，个体就将不仅要应对工作压力，还需要同时应对家庭领域的压力。这种压力应对行为的一致性就可能会降低个体在工作领域和家庭领域的总体行为的不一致性，从而降低基于行为的工作家庭冲突。因此，笔者预期：

假设1：核心自我评价与工作压力呈正相关关系。

假设2：工作压力与 a) 基于时间的工作家庭冲突正相关；b) 基于压力的工作家庭冲突正相关。

假设3：工作压力与基于行为的工作家庭冲突负相关。

上述假设提示，核心自我评价与工作家庭冲突之间是有联系的，至少，这种联系可以由工作压力串接起来。特别地，拥有高水平的核心自我评价的个体,将会经历相对较低水平的压力状态,这种较低水平的压力与状态又会降低个体的基于时间和基于压力的工作家庭冲突,但是会增加个体的基于行为的工作家庭冲突。的确,一些研究已经将核心自我评价与工作压力联系起来,并发现了核心自我评价与工作压力之间的负向关系(Brunborg, 2008; Judge et al., 2012; Kluemper, 2008; Takeuchi, Bolino, & Lin, 2015)。此外,还有证据发现工作压力与工作家庭冲突之间的正向关系。然而,这些发现基本上是针对基于时间的工作家庭冲突以及基于压力的工作家庭冲突而言的(Ford, Heinen, & Langkamer, 2007)。在整合了上述推理和证据后,笔者假设:

假设4:工作压力中介了核心自我评价与a) 基于时间的工作家庭冲突; b) 基于压力的工作家庭冲突之间的负向关系。

假设5:工作压力中介了核心自我评价与基于行为的工作家庭冲突之间的正向关系。

4.2.3 职业韧性在核心自我评价与工作家庭冲突之间的中介作用

职业韧性是职业动机的一个维度。职业动机包括职业认同、职业洞察力和职业韧性三个维度,是一系列特质和职业决策与行为的集合(London, 1983)。职业韧性展现了个体的主动性,维持了个体的绩效水平,特别是在面对负面工作情境时(Noe et al., 1990)。对于拥有高水平的核心自我评价的个体而言,他们不仅仅更加可能对自己的工作满意(e.g, Best, Stapleton, & Downey, 2005; Brown, Ferris, Heller, & Keeping, 2007),还更加可能对工作更投入(Rich, LePine, et al., 2010),对自我导向型的目标更加专注(Judge et al., 2005),且拥有更强的工作动机(Ferris, 2011)。因此,笔者假设,对于高水平核心自我评价的个体而言,其作为职业动机子维度的职业韧性的水平也会相对较高:

假设6:核心自我评价与职业韧性呈正向关系。

根据角色理论(Katz & Kahn, 1978),员工在每个特定的工作角色中会拥有特定的行为模式,这种模式成为角色内行为。因为职业韧性可以帮助个体应对不利的工作环境,并推动个体朝向其个人目标进步,可以预期,职业韧性将会让个体拥有更多的角色内行为。这些行为包括但不限于设定有难度的目标,占用额外的工作时间,找到更好的方法去做工作等(Noe et al., 1990)。这些任务导向的、努力的工作行为，虽然对于个体的工作相关的结果非常有利，但未必与其家庭角色相兼容。在家庭领域，支持与关爱是更受欢迎的角色内行为（O'Driscoll et al., 2005）。因此，高水平的职业韧性带来的努力、任务导向的行为，会与家庭角色所期待的角色内行为不兼容，从而导致基于行为的工作家庭冲突。此外，就像前人研究发现组织公民行为会导致个体的任务过载一样（Bolino & Turnley, 2005），个体努力的韧性行为也可能带来工作负荷过重。因为任务过载是角色压力源的重要组成部分（Eatough et al., 2011），我们可以合理推测，韧性同样会导致个体的角色相关的压力。而这种压力也可能溢出至家庭领域，带来更高水平的基于压力的工作家庭冲突。此外，基于资源分配理论（Becker, 1965；Bergeron, 2007），职业韧性带来的努力行为将会消耗个体有限的资源，如时间。因此，个体在此情况下，可用于家庭领域的时间将会相应减少，从而导致更高水平的基于时间的工作家庭冲突。因此，笔者假设：

假设7：职业韧性与a）基于时间的工作家庭冲突；b）基于压力的工作家庭冲突；c）基于行为的工作家庭冲突呈正相关关系。

基于上述推理，核心自我评价与工作家庭冲突也同样有可能通过职业韧性串接起来。具体地，拥有高水平核心自我评价的个体更有可能拥有更高水平的职业韧性，从而在工作领域产生出更加努力的任务导向型的工作行为。这种努力的行为首先与家庭角色中支持关爱的角色内行为要求不一致，导致高水平的基于行为的工作家庭冲突。其次，这种行为还会消耗个体的有限资源，比如时间。从而导致其家庭领域的时间资源相对减少，带来更高水平的基于时间的工作家庭冲突。上述推理可以用一些已经发现的实证证据来辅助支持，如有研究发现组织公民行为与工作家庭冲突的正向关系（Bolino & Turnley, 2005）。此外，核心自我评价同样可能与基于压力的工作家庭冲突通过职业韧性正向联系。核心自我评价可以提升个体的职业韧性水平，从而导致更高水平的基于压力的工作家庭冲突。因此，本研究假设：

假设8：职业韧性中介了核心自我评价与a）基于时间的工作家庭冲突；b）基于压力的工作家庭冲突；c）基于行为的工作家庭冲突之间的正向关系。

第四章 认知因素：核心自我评价与工作家庭冲突的关系研究

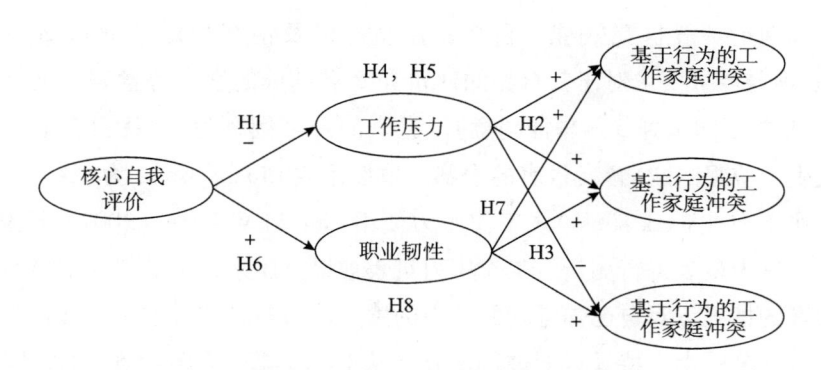

图 6 核心自我评价与三个维度的工作家庭冲突关系间经过
工作压力与职业韧性的双中介模型

4.3 方法

4.3.1 样本与程序

本研究中所使用的数据来自大型公用数据库，名为专业工作职业体验调查（The Professional Worker Career Experience Survey，PWCES，更多信息见 http：//www.icpsr.umich.edu/icpsrweb/ICPSR/studies/26782）。所有潜在的员工被试都是通过邮件进行联系。开始有 752 名来自美国中部不同组织的员工回应问卷。在 752 名参与者中，561 名参与者完成了问卷中所有问卷的回答（response rate = 74.60%），包括核心自我评价、工作压力、职业韧性、工作家庭冲突以及控制变量。561 名被试的平均年龄为 31.92 岁（SD = 9.75），56.3% 的被试为男性，91.2% 的被试拥有本科及以上学历。被试的种族分布为：91.8% 白人，2.1% 非洲裔，3.4% 亚裔，以及 2.7% 其他种族。在所有 561 名参与者中，38.7% 工作于商业与金融行业，35.1% 工作于计算和数学相关行业，26.2% 工作于其他多种行业。

4.3.2 测量

核心自我评价（Core self – evaluation）。核心自我评价使用 Judge 等（2003）开发的 12 条目核心自我评价量表进行测量。核心自我评价量表是一个单维量表，用于测量个体对自身的核心自我认知。核心自我评价包括四类人格特质，分别是一般自我效能、自尊、控制源以及情绪稳定性（Judge et al., 2003）。参与者被要求对于其自身的评价在5点计分的李克特量表上进行评分（从1=非常不同意到5=非常同意）。量表的一个例题为："我很有信心可以取得人生中应得的成功"。量表的内部一致性系数 Cronbach's α 为 .84。

工作压力（Work stress）。工作压力使用 Lait 与 Wallace（2002）开发的6条目工作压力量表进行测量。工作压力量表被设计用来评价员工在不混淆其他相关因素的情况下对自己知觉到的压力的感知。参与者被要求对于其自身的评价在6点计分的李克特量表上进行评分（从1=非常不同意 到5=非常同意）。量表的一个例题为："我感觉到在工作中受到挫折"。量表的内部一致性系数 Cronbach's α 为 .91。

职业韧性（Career resilience）。职业韧性使用 Noe 等（1990）开发的职业动机量表的职业韧性维度进行测量，共有13个条目。职业动机量表测量的是个体在职业决策和职业成功中的动机水平，包括职业韧性、职业同一性以及职业洞察力三个维度。参与者被要求对于其自身职业韧性的评价在6点计分的李克特量表上进行评分（从1=非常不同意 到6=非常同意）。量表的一个例题为："我会接受夸奖而不是贬损自己"。量表的内部一致性系数 Cronbach's α 为 .83。

工作家庭冲突（Work interference with family）。工作家庭冲突使用 Carlson 等人（2000）的工作家庭冲突量表的三个工作至家庭冲突维度进行测量，每个维度都有3个条目，共有9个条目。三个维度为基于时间的工作家庭冲突、基于压力的工作家庭冲突以及基于行为的工作家庭冲突。参与者被要求对于其自身工作与家庭的冲突状况的评价在6点计分的李克特量表上进行评分（从1=非常不同意到6=非常同意）。基于时间的工作家庭冲突维度的一个例题为："我的工作让我无法参与家庭活动，超过我了我期望的程度"。基于压力的工作家庭冲突的一个例题为："当我从工作回到家后我是如此的情绪耗竭，以至于无法对家庭做出贡献"。基于行为的工作家庭冲突的一个例题为："在工作中对我有效与必要的行为对家庭来说确是起到反作用的。"基于时间、压力和行为的工作家庭冲突量表的内部一致性系数 Cronbach's α 分别为 .84、.87以及 .80。

控制变量。参与者的性别、年龄教育水平在本研究中被控制。前人研究发现工作家庭冲突受到个体性别、年龄以及教育水平的影响（Michel et al.,

2011)。除此之外，因为负面情绪也被认为可以系统性地影响被试在自我报告测量时的回答，并可能导致共同方法偏差（P. M. Podsakoff，MacKenzie，Lee，& Podsakoff，2003）。因为神经质可以被看作是负面情绪的一个等价概念（M. J. Burke，Brief，& George，1993），因此，笔者在本研究中控制了神经质。神经质使用 NEO 大五问卷（NEO – FF – I；Costa & McCrae，1992）中的 12 条目的神经质维度进行测量。参与者被要求对于其自身情绪状态的评价在 5 点计分的李克特量表上进行评分（从 1 = 非常不同意到 5 = 非常同意）。神经质量表的一个例题为："我经常感觉到紧张和神经过敏"。量表的内部一致性系数 Cronbach's α 为 .88。

4.4 结果

研究变量的均值、标准差、相关系数以及内部一致性系数等都如表 5 所示。核心自我评价与工作压力之间存在显著的负相关（$r = -.57$，$p < .01$）。同时，核心自我评价与职业韧性之间存在显著的正相关（$r = .50$，$p < .01$）。此外，核心自我评价与基于时间的工作家庭冲突（基于时间的工作家庭冲突；$r = -.20$，$p < .01$）以及基于压力的工作家庭冲突（基于压力的工作家庭冲突；$r = -.46$，$p < .01$）之间都存在显著的负相关。然而，核心自我评价与基于行为的工作家庭冲突（基于行为的工作家庭冲突；$r = .21$，$p < .01$）之间则存在着显著的正相关。

此外，工作压力与基于时间的工作家庭冲突（$r = .32$，$p < .01$）以及基于压力的工作家庭冲突（$r = .55$，$p < .01$）之间存在显著正相关，但与基于行为的工作家庭冲突（$r = -.15$，$p < .01$）之间存在显著负相关。相对应的是，职业韧性与基于行为的工作家庭冲突（$r = .21$，$p < .01$）之间存在显著正相关，而与基于压力的工作家庭冲突（$r = -.15$，$p < .01$）之间则存在显著的负相关。在控制变量中，性别与基于压力的工作家庭冲突（$r = .13$，$p < .01$）以及基于行为的工作家庭冲突（$r = .14$，$p < .01$）之间存在正相关。年龄与基于行为的工作家庭冲突（$r = .19$，$p < .01$）正相关。而教育水平则与基于压力的工作家庭冲突（$r = .12$，$p < .01$）正相关。因此，被试的性别、年龄以及教育水平都被作为控制变量放入后续的分析当中。

工作家庭冲突的前因机制：社会认知的视角

表 5 描述统计结果

	M	SD	1	2	3	4	5	6	7	8	9	10
1. 性别	0.44	0.50	—									
2. 年龄	39.12	9.76	.01	—								
3. 教育水平	6.41	1.10	-.14**	-.04	—							
4. 神经质	2.43	0.68	.13**	-.05	-.07	(.88)						
5. 核心自我评价	3.74	0.54	-.02	-.06	.06	-.80**	(.84)					
6. 工作压力	2.50	1.24	.06	.00	-.04	.51**	-.57**	(.91)				
7. 职业韧性	4.83	0.60	.08*	.04	.05	-.41**	.50**	-.27**	(.83)			
8. 基于时间的工作家庭冲突	3.04	1.29	-.06	.02	.05	.15**	-.20**	.32**	-.04	(.84)		
9. 基于压力的工作家庭冲突	2.91	1.26	.13**	.05	.12**	.45**	-.46**	.55**	-.15**	.53**	(.87)	
10. 基于行为的工作家庭冲突	4.04	0.97	.14**	.19**	.01	-.15**	.21**	-.21**	.21**	-.05	-.14**	(.80)

备注：$N = 561$。* $p < .05$；** $p < .01$。

第四章 认知因素：核心自我评价与工作家庭冲突的关系研究

5.4.1 测量模型检验

为了考察本研究中所测量的各个概念是否彼此独立，笔者使用 Mplus7 软件构建了验证性因素分析（Muthén & Muthén，1998—2012）。具体地，测量模型包括所有的研究关键变量，即核心自我评价、工作压力、职业韧性、基于时间的工作家庭冲突、基于压力的工作家庭冲突、基于行为的工作家庭冲突，以及神经质。我们首先使用随机分配程序（Little, Cunningham, Shahar, & Widaman, 2002），对核心自我评价、职业韧性和神经质进行了打包处理，各打成四个条目包，以期改进样本大小对参数的比率。过小的样本大小对参数比率可能会方法标准误以及对估计值的稳定性造成负面影响（Landis, Beal, & Tesluk, 2000）。具体的，核心自我评价以及神经质都被打成 4 个包，每个包包括 3 个条目。而职业韧性也被打成 4 个包，每个包有 3 至 4 个条目。验证性因素分析结果显示，7 因素模型，即所有研究变量彼此独立的模型的拟合度较优，χ^2（303）=1098.45，$p<.01$，CFI =.92，TLI =.90，RMSEA =.07。所有的条目到他们对应的因素的标准载荷都显著（$p<.01$），载荷范围从 .58 至 .92。在 7 因素模型的基础上对研究变量进行两两组合的合并，得到 21 个限制模型。结果显示，7 因素模型比任意 21 个限制模型的拟合度都更好（1162.67 $\leq \Delta\chi^2$ [$\Delta df=6$] $\leq$ 2205.61，$p<.01$）。验证性因素分析的结果为本研究变量的独立性提供了支持。

5.4.2 双通道中介模型检验

使用 Mplus7，在上述测量模型的基础上，笔者检验了从核心自我评价到三个维度的工作家庭冲突的双通道中介模型。首先，核心自我评价同时预测了工作压力与职业韧性。其次，工作压力与职业韧性同时又预测了基于时间的工作家庭冲突、基于压力的工作家庭冲突以及基于行为的工作家庭冲突。最后，笔者在所有分析中都控制了性别、年龄、教育水平以及神经质。

如表 7 和图 7 中所示，在双通道中介模型中，从核心自我评价到工作压力的直接路径为显著负向（$\beta=-.47$，$p<.01$），而从核心自我评价到职业韧性的直接路径则为显著正向（$\beta=.44$，$p<.01$）。因此，假设 1 和假设 6 得到了支持。此外，从工作压力到基于时间的工作家庭冲突（$\beta=.34$，$p<.01$）以及基于压力的工作家庭冲突（$\beta=.44$，$p<.01$）的正向效应均显著。工作压力与基于行为的工作家庭冲突则存在显著的负向效应（$\beta=-.11$，$p<.01$）。因此，假设 2 与假

设3得到了支持。另外，职业韧性与基于行为的工作家庭冲突（$\beta = .17$，$p < .05$）以及基于压力的工作家庭冲突（$\beta = .19$，$p < .05$）之间的正向效应显著。而职业韧性与基于时间的工作家庭冲突之间的效应则不显著（$\beta = .17$，$p > .05$）。因此，假设7b与假设7c得到了支持，但假设7a没有得到支持。

接下来，笔者构建了一个Bootstrap程序来检验工作压力以及职业韧性在核心自我评价与三个维度的工作家庭冲突之间的中介效应。设置重新抽样次数为1000的条件下，中介分析的结果显示，工作压力在核心自我评价与三个维度的工作家庭冲突之间的中介效应都显著成立（基于时间的工作家庭冲突，$\beta = -.35$，$p < .01$，95%置信区间（CI）= [-.49, -.21]；基于压力的工作家庭冲突，$\beta = -.45$，$p < .01$，95%置信区间（CI）= [-.60, -.30]；基于行为的工作家庭冲突，$\beta = .12$，$p < .05$，95%置信区间（CI）= [.04, .23]）。因此，假设4和假设5得到了支持。此外，职业韧性在核心自我评价与基于行为的工作家庭冲突以及基于压力的工作家庭冲突之间的中介效应显著成立（基于行为的工作家庭冲突，$\beta = .09$，$p < .05$，95%置信区间（CI）= [.02, .18]；基于压力的工作家庭冲突，$\beta = .09$，$p < .05$，95%置信区间（CI）= [.02, .21]）。但是，职业韧性在核心自我评价与基于时间的工作家庭冲突之间的中介效应则不显著（$\beta = .08$，$p > .05$）。因此，假设8b与假设8c得到了支持，但是假设8a未得到支持。

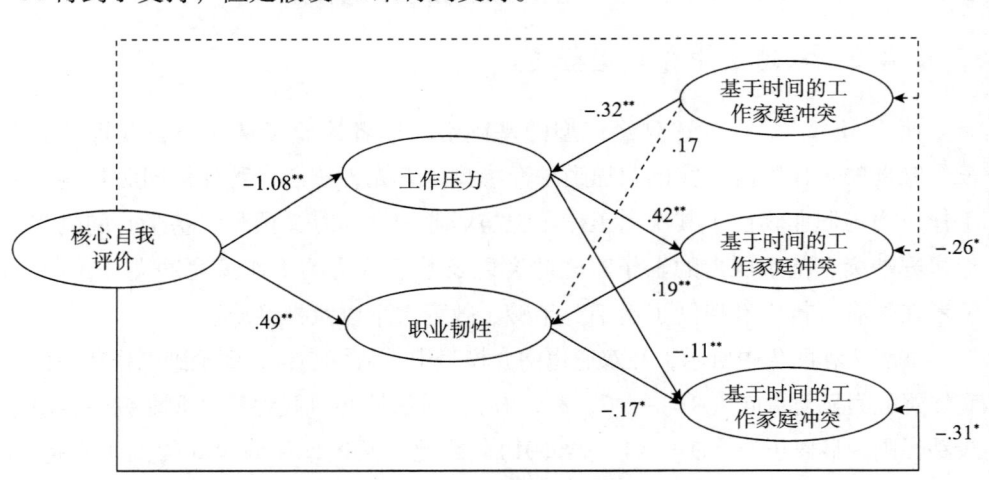

图7 核心自我评价经过工作压力与职业韧性影响三维度工作家庭冲突的双中介模型结果（$N = 561$；$^*p < .05$；$^{**}p < .01$。）

第四章 认知因素：核心自我评价与工作家庭冲突的关系研究

表6 回归分析模型

预测变量	中介变量 工作压力	中介变量 职业韧性	因变量 基于时间的工作家庭冲突 直接	因变量 基于时间的工作家庭冲突 间接	因变量 基于压力的工作家庭冲突 直接	因变量 基于压力的工作家庭冲突 间接	因变量 基于行为的工作家庭冲突 直接	因变量 基于行为的工作家庭冲突 间接
性别	.08	.13**	.00	−.20	.01	.17	.02**	.26**
年龄	.00	.00	.06		−.10*		.00	
教育水平	.01	.02	−.07		.33**		.15	
神经质	.24*	−.06	−.22		−.26		.31*	
核心自我评价	−1.08**	.49**	.32**	−.35**	.42**	−.45**	−.11**	.12*
				(−.49, −.22)		(−.62, −.31)		(.04, .23)
工作压力			.17	.08	.19*	.09*	.17*	.09*
				(−.01, .21)		(.02, .21)		(.02, .18)
职业韧性								

备注：$N=561$。间接效应的95%置信区间是使用偏差纠正方法Bootstrapping分析进行计算得出。* $p<.05$；** $p<.01$。

· 111 ·

第五章 讨 论

5.1 研究结果总述

基于社会认知理论视角（Bandura，1974，1991），笔者构建了系列研究来检验工作家庭冲突的认知、环境与行为三种前因机制。首先，基于资源视角（Grzywacz & Marks，2000；ten Brummelhuis & Bakker，2012）和工作要求—资源模型（Bakker & Demerouti，2007），研究 2 探讨了环境因素对工作家庭冲突影响的机制。在研究中我们以个体的工作日程控制（Schedule control）作为工作环境中时间特征的代表，预期工作日程控制与工作家庭冲突之间存在负相关关系，并且这一关系被个体的情绪耗竭所中介，此外，工作日程控制也被预期通过工作家庭冲突影响其情绪耗竭。这样形成一个互补中介模型。在 563 名员工的三时间点测量数据，结果发现情绪耗竭首先中介了工作日程控制与工作家庭冲突之间的关系。其次工作日程控制与情绪耗竭之间的关系同时也被工作家庭冲突所中介。此外，个体工作日程控制与情绪耗竭之间的关系，以及工作日程控制通过情绪耗竭影响工作家庭冲突的中介路径的前半段都被个体的家庭时间充裕度（Family time adequacy）所调节。具体地，个体的家庭时间充裕度越高，工作日程控制与情绪耗竭之间的负相关越强。

其次，根据社会交换理论（Blau，1964），研究 1 探讨了个体行为对工作家庭冲突影响的机制。在研究中我们以个人组织公民行为（Organizational citizenship behavior）作为个体行为的代表，预期组织公民行为可能通过提升工作满意度的方式减少个体的工作家庭冲突，并且其对工作满意度的影响受到个体知觉到的压力的调节作用，形成有调节的中介模型。使用 296 名员工的四个时间点测量数据，研究结果首先发现个体的组织公民行为与工作满意度呈正相关，而工作满意度又与工作家庭冲突呈负相关，组织公民行为与工作家庭冲突之间的关系被工作满意度所中介。此外，个体的压力感对组织公民行为与工作满意度之间的正相关起到了调节作用。在高水平的压力感下，组织公民行为与工作满意度之间的正相关被弱化。

最后，研究3基于资源分配理论（Becker，1965；Bergeron，2007）与角色理论（Katz & Kahn，1978），探讨了工作家庭冲突的认知因素影响机制。具体地，我们将工作家庭冲突的三个维度（时间、压力、行为）分开进行考察，预期个体的核心自我评价首先通过减少工作压力感从而减少个体的工作家庭的时间冲突、压力冲突，增加工作家庭的行为冲突；其次，核心自我评价通过增加个体的职业韧性从而增加个体工作家庭的时间冲突、压力冲突和行为冲突，形成一个双中介模型。采用561名企业员工样本，结果显示，工作压力中介了核心自我评价与基于时间/压力的工作家庭冲突之间的负向关系，以及核心自我评价与基于行为的工作家庭冲突之间的正向关系。而职业韧性则中介了核心自我评价与基于行为/压力的工作家庭冲突之间的正向关系。

通过上述三方面的研究，在社会认知理论的框架下，我们发现了工作日程控制、组织公民行为与核心自我评价对工作家庭冲突的影响，以及情绪耗竭、工作满意度、工作压力、职业韧性在上述认知、行为、环境前因与工作家庭冲突关系中所起到的连接作用和家庭是坚持充裕度与压力感在上述连接中的调节作用。

5.2 理论贡献

基于对上述三个分模型的检验，本研究的结果初步揭示了工作家庭冲突的复杂的前因机制，发现了包括认知、行为与环境因素在内的工作家庭冲突的预测因子。本研究的结果给工作家庭关系的研究和实践都提供了重要的参考。具体地，本研究的贡献有以下几个方面。

第一，基于社会交换理论，通过把工作满意度作为组织公民行为与工作家庭冲突关系间的关键中介变量，以及工作压力作为组织公民行为与工作家庭冲突之间的边界条件，我们可以更全面地了解组织公民行为对个体在家庭领域的影响。虽然在工作场合中，组织公民行为的效应已经在研究中被广泛地发现（Podsakoff, Whiting, Podsakoff, & Blume, 2009），然而，组织公民行为对个体的工作家庭关系是否会产生影响，如果有，又会产生什么样的影响，这个问题，至今没有研究可以很好地回答。通过检验组织公民行为通过工作满意度去影响工作家庭冲突的路径，以及探讨工作压力对这一路径的影响，本研究整合了组织领域两个非常重要的概念领域，即组织公民行为领域以及工作家庭关系领域，并提出了他们的联结机制和边界条件，从而对组织公民行为的研究边界扩展起到了促进作用。

第二，本研究对当前的工作家庭关系研究以及工作要求—资源模型也有着两方面的贡献。一方面，本研究发现了工作家庭冲突与情绪耗竭在纵向尺度上的互为因果关系。基于这个双向因果关系，本研究还发现了工作日程控制、情绪耗竭与工作家庭冲突的双向中介关系。与前人研究中提及的工作—家庭模型（ten Brummelhuis & Bakker, 2012）一致，工作日程控制作为一个可以溢出到家庭领域的工作资源，不仅仅通过降低工作家庭冲突来降低个体的情绪耗竭，同样也通过降低个体的情绪耗竭来减少工作家庭冲突。工作家庭冲突与情绪耗竭之间的双向因果关系揭示了一个工作与家庭之间互相剥夺个体有限资源的恶性循环。然而，工作日程控制的引入，则可以通过提供外界能量的方式，打破这个恶性循环，而形成工作与家庭间能量的正向循环。此外，虽然 ten Brummelhuis 和 Bakker（2012）提出了基于资源的工作家庭平衡的 8 个假设，他们仍然呼吁着有实证研究来对其 8 个假设做出验证。

正如本研究的结果所展示的，家庭时间充裕度作为一种家庭资源，会强化工作日程控制与情绪耗竭之间的负相关，即帮助工作日程控制进一步巩固工作与家庭间能量的正向循环。该结果支持了工作与家庭间个体能量一体化的观点。也即，在一个领域的充足资源可能会触发一个获得循环，产生更多的资源可以用于另一个领域。而相反，在一个领域的资源匮乏则可能触发损失循环，不仅不会增加，反而会剥夺另外一个领域的可用资源。另一方面，本研究拓展了工作要求—资源模型（Bakker & Demerouti, 2007）的视野。传统的要求—资源模型的范围仅在组织之内。本研究将家庭时间充裕度引入，作为工作日程

第五章 讨论

控制与情绪耗竭关系中的一个边界条件,并发现工作日程控制对情绪耗竭的效应取决于其家庭时间的可用性。这个结果提示,传统的要求—资源模型需要一个更广泛的关注范围,至少可以从组织内扩展到工作家庭关系中。具体地,在对组织结果变量的前因机制的考察中,工作要求—资源模型应该同时自然地包括来自工作和家庭两方面的需求和资源。

第三,本研究同时还给工作-家庭资源模型提供了实证的支持。虽然家庭时间充裕度在工作日程控制与情绪耗竭关系中的调节作用得到了支持,然而,家庭时间充裕度在工作日程控制与工作家庭冲突之间的调节作用并未得到支持。一个可能的解释是,家庭时间充裕度作为一种家庭资源,虽然可以溢出到工作领域,帮助强化工作日程控制与情绪耗竭之间的负向效应,但是工作日程控制与工作家庭冲突的效应较强,较少受到家庭时间充裕度的影响。也就是说,工作日程控制对工作家庭冲突的直接效应很强,导致家庭时间充裕度无法发挥调节作用。如表2中所示,家庭时间充裕度对情绪耗竭的负向主效应显著（B = -.37, $p < .01.$）,而工作日程控制对情绪耗竭的负向主效应则不显著（B = -.19, ns.）。因为家庭时间充裕度与工作日程控制对情绪耗竭存在着显著的交互作用（B = -.37, $p < .01$）,这个结果可能意味着工作日程控制的效应受到了家庭时间充裕度的显著影响。然而,虽然家庭时间充裕度对工作家庭冲突的负向效应显著（B = -.36, $p < .01$）,工作日程控制对工作家庭冲突的负向效应也同样显著（B = -.13, $p < .01$）。这个结果支持了笔者的假设。

第四,前人研究中关于工作家庭冲突的考察绝大部分是针对基于时间的工作家庭冲突以及基于压力的工作家庭冲突（O'Driscoll et al., 2005）。相比之下,基于行为的工作家庭冲突得到了关注较少（O'Dierdorff & Ellington, 2008）。这个研究趋向就导致了关于工作家庭冲突的本质及其前因机制的研究是不完整的以及有偏见的。在本研究中,笔者同时考虑了工作家庭冲突的三个维度,即基于时间、基于压力和基于行为的工作家庭冲突,考察以核心自我评价为代表的认知前因变量对其影响机制。一方面,与资源分配理论（Becker, 1965；Bergeron, 2007）的假设一致,在工作压力的中介下,核心自我评价与基于时间以及压力的工作家庭冲突之间存在着负向关系,而与基于行为的工作家庭冲突存在正相关。另一方面,与角色理论（Katz & Kahn, 1978）的假设一致，核心自我评价与基于压力和基于行为的工作家庭冲突之间的正向关系被职业韧性所中介。这些研究发现揭示了核心自我评价与工作家庭冲突之间的复杂关系。对包括三个维度在内的工作家庭冲突概念的前因机制考察，以认知因素核心自我评价为例，可以为后续研究提供更为全面的视角来探讨个人因素如何影响工作家庭冲突。

第五，本研究的结果对资源分配理论也做出了贡献。前人研究主要将资源分配的理论框架用于诸如工作任务绩效的注意力分配（Hockey，1997）、角色内行为与角色外行为的时间分配（Bergeron，2007）以及群体绩效中的资源分配（Nielsen et al.，2012）等场景中。Grawitch et al.（2010）在工作生活关系的背景下构建了一个资源分配框架，假设个体特质可能作为影响资源分配的关键因素。本研究使用了资源分配理论（Becker，1965；Bergeron，2007）的框架，提出核心自我评价与工作家庭冲突之间的关系被工作压力所中介。通过实证来验证工作压力在核心自我评价与三个维度的工作家庭冲突关系中的中介作用，本研究将资源分配框架拓展到了工作家庭关系领域，增加了这一理论框架的普适性。

第六，本研究还揭示了核心自我评价可能的"阴暗面"。本研究结果显示，核心自我评价通过职业韧性的中介正向地影响了基于压力的工作家庭冲突，以及通过工作压力和职业韧性的同时中介影响了基于行为的工作家庭冲突。本研究所发现的核心自我评价的这一对工作家庭关系的有害效应，与最近积极行为的"阴暗面"的连续发现一致。包括亲社会行为（Bolino & Grant，2016）、组织公民行为（Bolino, Klotz, Turnley, & Harvey, 2013；Bolino & Turnley，2005）以及领导行为（D. Liu, Liao, & Loi, 2012）都被发现对个体或组织存在负向的效应。而核心自我评价作为一个积极的自我概念（Judge et al.，1997a），前人研究很少探讨它对个体和组织可能的负向效应。本研究通过揭示核心自我评价对工作家庭冲突的促进作用，为更全面地理解核心自我评价的本质和影响提供了一条新的途径。

5.3 实践贡献

本研究同样对组织管理领域的实践具有一定的贡献。第一，本研究的结果显示了组织公民行为与工作家庭冲突之间的关系是通过工作满意度相连接。一方面，组织公民行为通过提升工作满意度来降低工作家庭冲突。另一方面，工作压力可以弱化组织公民行为对工作满意度的提升作用。这就提示组织，如果想要让员工获得良好的工作满意度和工作家庭关系，一方面可以通过提升员工的组织公民行为，塑造员工的积极工作状态，从而提升工作满意度入手，另一方面则可以通过有针对性地降低员工的工作压力，特别是阻断型压力源入手，双管齐下，提升员工的工作满意度，降低员工的工作家庭冲突。

第二，基于本研究所发现的工作日程控制对于降低员工情绪耗竭和工作家庭冲突方面的积极作用，组织应该提供一个更加灵活的工作日程政策。此外，因为工作日程控制、情绪耗竭与工作家庭冲突之间存在着双向因果关系，如果组织对提供灵活的工作日程有实施上的困难，那么，为了起到降低员工工作家庭冲突的目的，组织仍然可以通过其他替代的路径，如组织放松课程来帮助员工降低其情绪耗竭，最终减少其工作家庭冲突。类似地，为了要降低员工的情绪耗竭，组织也可以试着通过帮助员工减少他们工作与家庭上关于时间、压力和典型行为上的冲突（Greenhaus & Beutell，1985）来间接地减少情绪耗竭。最后，组织不仅应该关注员工的工作日程，同样还应该关注员工知觉到的家庭时间充裕度。因为家庭时间的匮乏将会弱化工作日程控制对情绪耗竭的降低作用，组织应该为员工、特别是知觉家庭时间严重不足的员工提供时间管理等培训课程，帮助员工更好地安排家庭时间，更高效地处理家庭事务，以提升员工家庭时间充裕度，从而帮助解决员工的情绪耗竭问题。

第三，对于在组织中工作的员工来说，核心自我评价一般被认为是一个积极的特质，可以带来一系列有利的工作相关结果，如收入更多（e.g.，Judge & Hurst，2007），绩效更高（e.g.，Erez & Judge，2001），以及工作满意度更高等（e.g.，Best et al.，2005）。然而，对于高核心自我评价的员工，组织应该留心。因为这些员工在工作领域合规的角色内行为到了家庭领域可能变得不适合，从而导致更高水平的基于行为的工作家庭冲突。这就提示组织应当帮助员工在工作场合中的角色内行为与家庭领域内的角色内行为之间有效地切换。例如，中层员工在工作场合中的规范的角色内行为，如给下属分配任务等，在家庭领域就是不合规范的角色内行为。家庭领域可能需要的是更多基于情感的交流和沟通。组织通过培训等方式，可以帮助员工认识到工作与家庭领域典型行为的区别，让员工有意识地将工作与家庭的典型行为分开，就可以降低基于行为的工作家庭冲突。从而，通过这种方式，来降低员工的情绪耗竭。其次，虽然职业韧性有助于帮助员工面对工作场合中的不利状况，提升员工在职业决策中的坚持性（Noe et al., 1990），但组织和个人也应当看到职业韧性可能在个体的工作与家庭生活中扮演的负面角色。高水平的职业韧性可能同时会导致更高水平的基于压力的工作家庭冲突以及基于行为的工作家庭冲突。一方面，高水平的职业韧性可能产生更高水平的个体职业角色相关的压力，这些压力如果溢出家庭领域，就会导致基于压力的工作家庭冲突。另一方面，高水平的职业韧性在职业领域可能带来系列的合规行为，如努力、坚持等，但是在家庭领域可能就是不适合的行为，从而会导致基于行为的工作家庭冲突。组织可以通过培训等方式，让员工认识到职业韧性对于职业的促进作用以及对于家庭可能的妨碍作用，培养员工有效区分工作与家庭情境，提高其将职业韧性用在合适场合的能力。

5.4 不足与未来研究展望

虽然本研究对提升我们关于工作家庭关系的理解做出了多方面的贡献，笔者承认，本研究仍然存在着一些不足之处，希望在未来研究中能够改进。首先，基于资源视角（Grzywacz & Marks, 2000; ten Brummelhuis & Bakker, 2012），笔者探讨了工作家庭冲突的环境因素机制，提出情绪耗竭中介了工作日程控制与工作家庭冲突之间的关系，同时工作家庭冲突中介了工作日程控制与情绪耗竭之间的关系。同时，家庭时间充裕度在这个关系中起到调节作用。在该模型里，时间资源是整个模型的核心资源。然而，虽然时间是个体能够拥有的最为重要的资源之一（Nielsen et al., 2012），个体还有其他类型的重要资源，比如工作反馈以及社会支持等（Bakker & Demerouti, 2007; Schaufeli & Bakker, 2004）。未来研究可以基于此，探讨其他形式的工作资源作为来自环境的前因与情绪耗竭和工作家庭冲突之间的关系。类似的建议是，未来研究可以同时考虑来自家庭的其他形式的资源，如家庭支持（G. A. Adams, King, & King, 1996），然后就可以考察工作资源与家庭资源对个体工作家庭冲突的交互作用。

其次，因为工作家庭冲突在理论上被分为三个维度，即基于时间、压力和行为的工作家庭冲突（Greenhaus & Beutell, 1985），未来研究可以探讨工作日程控制以及家庭时间充裕度对所有三个维度的工作家庭冲突的影响。基于我们在核心自我评价与三个维度的工作家庭冲突之间关系的研究，我们预期基于行为的工作家庭冲突与工作日程控制和家庭时间充裕度的关系可能会出现不同的模式。例如，工作日程控制对于基于时间的工作家庭冲突以及基于压力的工作家庭冲突的效应可能比工作日程控制对基于行为的工作家庭冲突的效应更强。这是因为，工作日程控制是一种时间资源，同时又与压力关系更密切，而相对地与行为关系较远。最后，本研究中所使用的数据样本来自一个扩展护理中心，绝大部分的被试都是女性。未来研究可以使用一个来自其他职业领域、性别更加均衡的样本来检验本研究理论模型的普适度。

再次，核心自我评价与三个维度的工作家庭冲突之间通过工作压力和职业韧性的双通道中介效应虽然在本研究中得到了支持，但因为本研究采用横截面数据，从而无法确定地给出因果关系推论。因此，未来研究可以采用时间滞后数据等方式来验证核心自我评价对工作家庭冲突的预测作用，以及两个中介路径的先后顺序等问题。此外，虽然笔者检验了核心自我评价与工作家庭冲突之间的中介机制，本研究没有考察在这个中介关系中可能的边界条件。未来研究可以基于此，考察核心自我评价与工作家庭冲突的关系中可能强化或弱化它们关系的调节因素。例如，员工上级的辱虐式管理就可能会弱化核心自我评价与工作家庭冲突基于工作压力的中介效应。这是因为，辱虐式管理可能导致员工过高水平的工作压力状态，从而让核心自我评价对员工工作压力的降低作用无法凸显，而变得弱化（Wu & Hu, 2009）。

5.5 结 论

虽然越来越多的研究在考察工作家庭冲突的影响因素（Michel et al., 2011），认知的、行为的以及环境的因素对工作家庭冲突的影响机制至今仍然不够清晰。笔者基于社会认知理论的认知、行为、环境三元交互理论，构建了三个研究来检验组织公民行为、工作日程控制以及核心自我评价三个行为、环境和认知因素对于工作家庭冲突的影响，以及工作满意度、情绪耗竭、工作压力、职业韧性、家庭时间充裕度在其中的作用。首先，本研究检验了组织公民行为与工作家庭冲突之间的关系，以及工作满意度在其中的中介作用，工作压力在其中的调节作用。研究结果发现，工作满意度中介了组织公民行为与工作家庭冲突之间的关系，而工作压力则弱化了组织公民行为与工作满意度之间的正向关系。其次，本研究检验了工作日程控制、工作家庭冲突以及情绪耗竭之间的双向中介作用。结果首先显示，情绪耗竭中介了工作日程控制与工作家庭冲突之间的关系。同时，工作家庭冲突中介了工作日程控制与情绪耗竭之间的关系。此外，工作日程控制经过情绪耗竭影响工作家庭冲突的路径被员工知觉到的家庭时间充裕度所调节。具体地，当员工具有更高水平的家庭时间充裕度，工作日程控制与情绪耗竭之间的负相关变得更强。上述针对工作日程控制与工作家庭冲突关系的研究结果，对理解环境因素对工作家庭关系的机制提供了更为全面的图景。最后，本研究检验了核心自我评价对三个维度的工作家庭冲突通过工作压力和职业韧性的双中介模型。一方面，核心自我评价通过工作压力的中介负向地影响了基于时间和基于压力的工作家庭冲突，并正向地影响了基于行为的工作家庭冲突。另一方面，核心自我评价通过职业韧性正向地影响了基于行为和基于压力的工作家庭冲突。以上结果扩展了核心自我评价的研究，将前人研究中仅探讨核心自我评价的有利结果的研究取向扩展为考察其可能的负向效应，即"阴暗面"，为我们更全面地理解核心自我评价以及工作家庭关系提供了新的思路。

参考文献

[1] Abu - Tineh, A. M. (2011). Exploring the relationship between organizational learning and career resilience among faculty members at Qatar University. *International Journal of Educational Management*, 25, 635 - 650. doi: 10.1108/09513541111159095.

[2] Abu Elanain, H. M. (2010). Work locus of control and interactional justice as mediators of the relationship between openness to experience and organizational citizenship behavior. *Cross Cultural Management: An International Journal*, 17, 170 - 192. doi: 10.1108/1352760101 1038732.

[3] Ackfeldt, A. - L., & Coote, L. V. (2005). A study of organizational citizenship behaviors in a retail setting. *Journal of Business Research*, 58, 151 - 159. doi: 10.1016/S0148 - 2963 (03) 00110 - 3.

[4] Adams, G. A., King, L. A., & King, D. W. (1996). Relationships of Job and Family Involvement, Family Social Support, and Work - Family Conflict With Job and Life Satisfaction. *Journal of Applied Psychology*, 81, 411 - 420.

[5] Adams, J. W., Srivastava, A., Herriot, P., & Patterson, F. (2013). Careerist Orientation and Organizational Citizenship Behavior in Expatriates and Non - Expatriates. *Journal of Career Development*, 40, 469 - 489. doi: 10.1177/0894845312472255.

[6] Agho, A. O., Mueller, C. W., & Price, J. L. (1993). Determinants of Employee Job Satisfaction: An Empirical Test of a Causal Model. *Human Relations*, 46, 1007 - 1027. doi: 10.1177/001872679304600806.

[7] Agho, A. O., Price, J. L., & Mueller, C. W. (1992). Discriminant Validity of Measures of Job - Satisfaction, Positive Affectivity and Negative Affectivity. *Journal of Occupational and Organizational Psychology*, 65, 185 - 196. doi: 10.1111/j.2044 - 8325.1992.tb00496.x.

[8] Akan, O. H., Allen, R. S., & White, C. S. (2009). Equity Sensitivity and Organizational

Citizenship Behavior in a Team Environment. *Small Group Research*, 40, 94 – 112. doi: 10. 1177/1046496408326575.

[9] Akerstedt, T. (1990). Psychological and psychophysiological effects of shift work. *Scandinavian Journal of Work Environment & Health*, 16, 67 – 73. doi: 10. 5271/sjweh. 1819.

[10] Akoto, E. O. (2014). Contexts of the commitment – citizenship link: A test of economic volatility in a dual organization setting. *Journal of Vocational Behavior*, 84, 332 – 344. doi: 10. 1016/j. jvb. 2014. 02. 005.

[11] Alessandri, G., Vecchione, M., Tisak, J., Deiana, G., Caria, S., & Caprara, G. V. (2012). The Utility of Positive Orientation in Predicting Job Performance and Organisational Citizenship Behaviors. *Applied Psychology: An International Review*, 61, 669 – 698. doi: 10. 1111/j. 1464 – 0597. 2012. 00511. x.

[12] Allen, T. D. (2006). Rewarding good citizens: The relationship between citizenship behavior, gender, and organizational rewards. *Journal of Applied Social Psychology*, 36, 120 – 143. doi: 10. 1111/j. 0021 – 9029. 2006. 00006. x.

[13] Allen, T. D., Herst, D. E., Bruck, C. S., & Sutton, M. (2000). Consequences associated with work – to – family conflict: a review and agenda for future research. *Journal of Occupational Health Psychology*, 5, 278 – 308. doi: 10. 1037/1076 – 8998. 5. 2. 278.

[14] Allen, T. D., McManus, S. E., & Russell, J. E. A. (1999). Newcomer socialization and stress: Formal peer relationships as a source of support. *Journal of Vocational Behavior*, 54, 453 – 470. doi: 10. 1006/jvbe. 1998. 1674.

[15] Allport, G. W., & Odbert, H. S. (1936). Trait – names: A psycho – lexical study. *Psychological Monographs*, 47, 1 – 171.

[16] Anafarta, N. (2011). The relationship between work – family conflict and job satisfaction: A structural equation modeling (SEM) approach. *International Journal of Business and Management*, 6, 168 – 177. doi: 10. 5539/ijbm. v6n4p168.

[17] Andreassi, J. K., & Thompson, C. A. (2007). Dispositional and situational sources of control: Relative impact on work – family conflict and positive spillover. *Journal of Managerial Psychology*, 22, 722 – 740. doi: 10. 1108/02683940710837697.

[18] Andrews, F. M., & Withey, S. B. (1976). *Social Indicators of Well – Being*. New York: Plenum.

[19] Arora, R., & Rangnekar, S. (2015a). Relationships between emotional stability, psychosocial mentoring support and career resilience. *Europe's Journal of Psychology*, 11, 16 – 33. doi: 10. 5964/ejop. v11i1. 835.

[20] Arora, R., & Rangnekar, S. (2015b). The joint effects of personality and supervisory career mentoring in predicting occupational commitment. *Career Development International*, 20, 63 – 80.

[21] Arora, R., & Rangnekar, S. (2016). Moderating mentoring relationships and career resilience: Role of conscientiousness personality disposition. *Journal of Workplace Behavioral Health*, 31, 19 – 36. doi: 10. 1080/15555240. 2015. 1074052.

[22] Arsenault, A., & Dolan, S. (1983). The role of personality, occupation and organization in understanding the relationship between job stress, performance and absenteeism. *Journal of Occupational Psychology*, 56, 227 – 240.

[23] Aryee, S. (1992). Antecedents and outcomes of work – family conflict among married professional women: Evidence from Singapore. *Human Relations*, 45, 813 – 837.

[24] Aryee, S., & Chay, Y. W. (2001). Workplace justice, citizenship behavior, and turnover intentions in a union context: Examining the mediating role of perceived union support and union instrumentality. *Journal of Applied Psychology*, 86, 154 – 160.

[25] Aryee, S., Chen, Z. X., Sun, L. Y., & Debrah, Y. A. (2007). Antecedents and outcomes of abusive supervision: Test of a trickle – down model. *Journal of Applied Psychology*, 92, 191 – 201. doi: 10. 1037/0021 – 9010. 92. 1. 191.

[26] Aryee, S., Luk, V., Leung, A., & Lo, S. (1999). Role stressors, interrole conflict, and well – being: The moderating influence of spousal support and coping behaviors among employed parents in Hong Kong. *Journal of Vocational Behavior*, 54, 259 – 278.

[27] Baba, V. V., Tourigny, L., Wang, X., & Liu, W. (2009). Proactive personality and work performance in China: The moderating effects of emotional exhaustion and perceived safety climate. *Canadian Journal of Administrative Sciences / Revue Canadienne Des Sciences de l' Administration*, 26, 23 – 37. doi: 10. 1002/cjas. 90.

[28] Bacharach, S. B., Bamberger, P. A., & Conley, S. (1991). Work – home conflict among nurses and engineers: Mediating the impact of role stress on burnout and satisfaction at work. *Journal of Organizational Behavior*, 12, 39 – 53. doi: 10. 1002/job. 4030120104.

[29] Bachrach, D. G., Bendoly, E., & Podsakoff, P. M. (2001). Attributions of the "causes"

of group performance as an alternative explanation of the relationship between organizational citizenship behavior and organizational performance. *Journal of Applied Psychology*, 86, 1285 – 1293. doi: 10. 1037/0021 – 9010. 86. 6. 1285.

[30] Bachrach, D. G., Powell, B. C., Bendoly, E., & Richey, R. G. (2006). Organizational citizenship behavior and performance evaluations: exploring the impact of task interdependence. *Journal of Applied Psychology*, 91, 193 – 201. doi: 10. 1037/0021 – 9010. 91. 1. 193.

[31] Bakker, A. B., & Demerouti, E. (2007). The Job Demands – Resources model: State of the art. *Journal of Managerial Psychology*, 22, 309 – 328. doi: 10. 1108/02683940710733115.

[32] Bandura, A. (1977a). Self – efficacy: Toward a unifying theory of behavioral change. *Psychological Review*, 84, 191 – 215. doi: 10. 1037/0033 – 295X. 84. 2. 191.

[33] Bandura, A. (1977b). *Social learning theory*. Englewood Cliffs, NJ: Prentice Hall.

[34] Bandura, A. (1982). Self – efficacy mechanism in human agency. *American Psychologist*, 37, 122 – 147. doi: 10. 1037//0003 – 066X. 37. 2. 122.

[35] Bandura, A. (1986). *Social foundations of thought and action* (Vol. 1986). Englewood Cliffs, NJ: Prentice Hall.

[36] Bandura, A. (1988a). Organisational applications of social cognitive theory. *Australian Journal of Management*, 13, 275 – 302.

[37] Bandura, A. (1988b). Self – Regulation of Motivation and Action Through Goal Systems. In V. Hamilton, G. H. Bower, & N. H. Frijda (Eds.), *Cognitive perspectives on emotion and motivation* (pp. 37 – 61). Dordrecht, Netherlands: Kluwer Academic Publishers.

[38] Bandura, A. (1989). Social cognitive theory. In R. Vasta (Ed.), *Annals of child development. Vol. 6. Six theories of child development* (pp. 1 – 60). Greenwich, CT: JAI Press.

[39] Bandura, A. (1990). Reflections on Nonability Determinants of Competence.

[40] Bandura, A. (1991). Self – regulation of motivation through anticipatory and self – reactive mechanisms. In R. A. Dienstbier (Ed.), *Perspectives on motivation: Nebraska symposium on motivation* (Vol. 38, pp. 69 – 164). Lincoln, NE: University of Nebraska Press.

[41] Bandura, A. (1997). *Self – efficacy: The exercise of control*. New York: Freeman.

[42] Bandura, A. (1999). Social Cognitive Theory of Personality. In L. Pervin & O. John (Eds.), *Handbook of personality* (2nd ed., pp. 154 – 196). New York: Guilford Publications. doi: 10. 1016/0749 – 5978 (91) 90022 – L.

[43] Bandura, A. (2001). Social cognitive theory: An Agentic Perspective, 1 – 26.

参考文献

[44] Barnes, C. M., Ghumman, S., & Scott, B. A. (2013). Sleep and organizational citizenship behavior: The mediating role of job satisfaction. *Journal of Occupational Health Psychology*, 18, 16 – 26.

[45] Barnett, R. C., & Hyde, J. S. (2001). Women, men, work, and family: An expansionist theory. *American Psychologist*, 56, 781 – 796. doi: 10. 1037//0003 – 066X. 56. 10. 781.

[46] Barton, J. (1994). Choosing to work at night: a moderating influence on individual tolerance to shift work. *Journal of Applied Psychology*, 79, 449 – 454.

[47] Bartram, D. (2005). The Great Eight Competencies: A criterion – centric approach to validation. *Journal of Applied Psychology*, 90, 1185.

[48] Bateman, T. S., & Crant, J. M. (1993). The proactive component of organizational behavior: A measure and correlates. *Journal of Organizational Behavior*, 14, 103 – 118. doi: 10. 1002/job. 4030140202.

[49] Bateman, T. S., & Organ, D. W. (1983). Job satisfaction and the good soldier: The relationship between affect and employee "citizenship." *Academy of Management Journal*, 26, 587 – 595. doi: 10. 2307/255908.

[50] Becker, G. S. (1965). A theory of the allocation of time. *Economic Journal*, 75, 493 – 517.

[51] Beckers, D. G. J., Van Der Linden, D., Smulders, P. G. W., Kompier, M. A. J., Taris, T. W., & Geurts, S. A. E. (2008). Voluntary or involuntary? Control over overtime and rewards for overtime in relation to fatigue and work satisfaction. *Work & Stress*, 22, 33 – 50. doi: 10. 1080/02678370801984927.

[52] Bedeian, A. G., Burke, B. G., & Moffett, R. G. (1988). Outcomes of work – family conflict among married male and female professionals. *Journal of Management*, 14, 475 – 491. doi: 10. 1177/014920638801400310.

[53] Berg, P., Appelbaum, E., & Kalleberg, A. L. (2004). Contesting Time: International Comparisons of Employee Control of Working Time. *Industrial & Labor Relations Review*, 57, 331 – 349.

[54] Bergeron, D. M. (2007). The potential paradox of organizational citizenship behavior: Good citizens at what cost? *Academy of Management Review*, 32, 1078 – 1095. doi: 10. 2307/20159357.

[55] Bergeron, D. M., Ostroff, C., Schroeder, T., & Block, C. (2014). The dual effects of or-

ganizational citizenship behavior: relationships to research productivity and career outcomes in academe. *Human Performance*, 27, 99 – 128. doi: 10. 1080/08959285. 2014. 882925.

[56] Bergeron, D. M., Shipp, A. J., Rosen, B., & Furst, S. A. (2013). Organizational citizenship behavior and career outcomes the cost of being a good citizen. *Journal of Management*, 39, 958 – 984. doi: 10. 1177/0149206311407508.

[57] Best, R. G., Stapleton, L. M., & Downey, R. G. (2005). Core self – evaluations and job burnout: the Test of alternative models. *Journal of Occupational Health Psychology*, 10, 441 – 451. doi: 10. 1037/1076 – 8998. 10. 4. 441.

[58] Beutell, N. J. (2010). Work schedule, work schedule control and satisfaction in relation to work – family conflict, work – family synergy, and domain satisfaction. *Career Development International*, 15, 501 – 518. doi: 10. 1108/13620431011075358.

[59] Beutell, N. J., & Wittig – Berman, U. (1999). Predictors of work – family conflict and satisfaction with family, job, career, and life. *Psychological Reports*, 85, 893 – 903.

[60] Bienstock, C. C., DeMoranville, C. W., & Smith, R. K. (2003). Organizational citizenship behavior and service quality. *Journal of Services Marketing*, 17, 357 – 378. doi: 10. 1108/08876040310482775.

[61] Bimrose, J., & Hearne, L. (2012). Resilience and career adaptability: Qualitative studies of adult career counseling. *Journal of Vocational Behavior*, 81, 338 – 344.

[62] Blakely, G. L., Andrews, M. C., & Fuller, J. (2003). Are chameleons good citizens? A longitudinal study of the relationship between self – monitoring and organizational citizenship behavior. *Journal of Business and Psychology*, 18, 131 – 144. doi: 10. 1023/A: 1027388729390.

[63] Blau, G. J. (1988). Further exploring the meaning and measurement of career commitment. *Journal of Vocational Behavior*, 32, 284 – 297.

[64] Blau, G. J. (1989). Testing the generalizability of a career commitment measure and its impact on turnover. *Journal of Vocational Behavior*, 35, 88 – 103.

[65] Blau, P. M. (1964). *Exchange and power in social life*. Piscataway, NJ: Transaction Publishers.

[66] Bliese, P. D. (2000). Multilevel random coefficient modeling in organizational research: Examples using SAS and S – PLUS. In F. Drasgow & N. Schmitt (Eds.), *Measuring and analyzing behavior in organizations* (pp. 401 – 445). San Francisco, CA: Jossey – Bass.

[67] Bogg, J., & Cooper, C. (1995). Job Satisfaction, Mental Health, and Occupational Stress Among Senior Civil Servants. *Human Relations*, 48, 327 – 341.

[68] Bohen, H. H., & Viveros – Long, A. (1981). *Balancing jobs and family life: do flexible work schedules help?* Temple University Press.

[69] Bohle, S. A. L., & Alonso, A. R. M. (2017). The effect of procedural fairness and supervisor support in the relationship between job insecurity and organizational citizenship behavior. *Review of Business Management*, 19, 337 – 357. doi: 10.7819/rbgn. v0i0. 3023.

[70] Bolger, N., & Zuckerman, A. (1995). A framework for studying personality in the stress process. *Journal of Personality and Social Psychology*, 69, 890 – 902. doi: 10.1037/0022 – 3514. 69. 5. 890.

[71] Bolino, M. C. (1999). Citizenship and impression management: Good soldiers or good actors? *Academy of Management Review*, 24, 82 – 98. doi: 10.2307/259038.

[72] Bolino, M. C., & Grant, A. M. (2016). The bright side of being prosocial at work, and the dark side, too: A review and agenda for research on other – oriented motives, behavior, and impact in organizations. *Academy of Management Annals*, 1 – 94. doi: 10.1080/19416520. 2016. 1153260.

[73] Bolino, M. C., Klotz, A. C., Turnley, W. H., & Harvey, J. (2013). Exploring the dark side of organizational citizenship behavior. *Journal of Organizational Behavior*, 34, 542 – 559. doi: 10.1002/job. 1847.

[74] Bolino, M. C., & Turnley, W. H. (2005). The Personal Costs of Citizenship Behavior: The Relationship Between Individual Initiative and Role Overload, Job Stress, and Work – Family Conflict. *Journal of Applied Psychology*, 90, 740 – 8. doi: 10.1037/0021 – 9010. 90. 4. 740.

[75] Bolino, M. C., Turnley, W. H., & Bloodgood, J. M. (2002). Citizenship Behavior and the Creation of Social Capital in Organizations. *Academy of Management Review*, 27, 505 – 522. doi: 10.5465/AMR. 2002. 7566023.

[76] Bolino, M. C., Varela, J. A., Bande, B., & Turnley, W. H. (2006). The impact of impression management tactics on supervisor ratings of organizational citizenship behavior. *Journal of Organizational Behavior*, 27, 281 – 297. doi: 10.1002/job. 379.

[77] Bonanno, G. A. (2004). Loss, Trauma, and Human Resilience: Have We Underestimated the Human Capacity to Thrive after Extremely Aversive Events? *American Psychologist*, 59, 20 – 28. doi: 10.1037/0003 – 066X. 59. 1. 20.

[78] Bond, J. T., Galinsky, E., & Swanberg, J. E. (1997). *The National Study of the Changing Workforce*, 1997. New York: Families and Work Institute.

[79] Borman, W. C., & Motowidlo, S. J. (1997). Task Performance and Contextual Performance: The Meaning for Personnel Selection Research. *Human Performance*, 10, 99–109.

[80] Boswell, W. R., Olson-Buchanan, J. B., & Lepine, M. A. (2004). Relations between stress and work outcomes: The role of felt challenge, job control, and psychological strain. *Journal of Vocational Behavior*, 64, 165–181.

[81] Bower, G. H. (1975). Cognitive psychology. *Handbook of Learning and Cognitive Processes. New York: John Wiley and Sons*, 25, 80.

[82] Boyar, S. L., Maertz, Jr., C. P., Pearson, A. W., & Keough, S. (2003). Work-family conflict: A model of linkages between work and family domain variables and turnover intentions. *Journal of Managerial Issues*, 15, 175–190.

[83] Boyar, S. L., & Mosley, D. C. (2007). The relationship between core self-evaluations and work and family satisfaction: The mediating role of work-family conflict and facilitation. *Journal of Vocational Behavior*, 71, 265–281. doi: 10.1016/j.jvb.2007.06.001.

[84] Bragger, J. D., Rodriguez-Srednicki, O., Kutcher, E. J., Indovino, L., & Rosner, E. (2005). Work-family conflict, work-family culture, and organizational citizenship behavior among teachers. *Journal of Business and Psychology*, 20, 303–324. doi: 10.1007/s10869-005-8266-0.

[85] Bray, J. W. J., Kelly, E. L. EL, Hammer, L. B., Almeida, D. M., Dearing, J. W., King, R. B., & Buxton, O. M. (2013). *An integrative, multilevel, and transdisciplinary research approach to challenges of work, family, and health. Methods Report*. Research Triangle Park, NC: RTI Press. doi: 10.3768/rtipress.2013.mr.0024.1303.

[86] Brayfield, A. H., & Rothe, H. F. (1951). An index of job satisfaction. *Journal of Applied Psychology*, 35, 307–311.

[87] Brebels, L., De Cremer, D., & Van Dijke, M. (2014). Using Self-Definition to Predict the Influence of Procedural Justice on Organizational-, Interpersonal-, and Job/Task-Oriented Citizenship Behavior. *Journal of Management*, 40, 731–763. doi: 10.1177/0149206311410605.

[88] Brett, J. M., & Stroh, L. K. (2003). Working 61 plus hours a Week: Why do managers do it? *Journal of Applied Psychology*, 88, 67–78. doi: 10.1037/0021-9010.88.1.67.

[89] Brief, A. P., & Weiss, H. M. (2002). Organizational behavior: Affect in the workplace. *Annual Review of Psychology*, 53, 279 – 307. doi: 10. 1146/annurev. psych. 53. 100901. 135 – 156.

[90] Brooke, P. P., Russell, D. W., & Price, J. L. (1988). Discriminant Validation of Measures of Job Satisfaction, Job Involvement, and Organizational Commitment. *Journal of Applied Psychology*, 73, 139 – 145.

[91] Brotheridge, C. M., & Power, J. L. (2008). Are career centers worthwhile?: Predicting unique variance in career outcomes through career center usage. *Career Development International*, 13, 480 – 496.

[92] Brown, D. J., Ferris, D. L., Heller, D., & Keeping, L. M. (2007). Antecedents and consequences of the frequency of upward and downward social comparisons at work. *Organizational Behavior and Human Decision Processes*, 102, 59 – 75. doi: 10. 1016/j. obhdp. 2006. 10. 003.

[93] Brunborg, G. S. (2008). Core self – evaluations: A predictor variable for job stress. *European Psychologist*, 13, 96 – 102. doi: 10. 1027/1016 – 9040. 13. 2. 96.

[94] Buelens, M., & Poelmans, S. A. Y. (2004). Enriching the Spence and Robbins' typology of workaholism. *Journal of Organizational Change Management*, 17, 440 – 458. doi: 10. 1108/09534810410554470.

[95] Burke, M. J., Brief, A. P., & George, J. M. (1993). The role of negative affectivity in understanding relationships between self – reports of stressors and strains: A comment on the applied psychology literature. *Journal of Applied Psychology*, 78, 402 – 412. doi: 10. 1037/0021 – 9010. 78. 3. 402.

[96] Burke, R. J., Weir, T., & DuWors, Jr., R. E. (1979). Type A Behavior of Administrators and Wives' Reports of Marital Satisfaction and Well – Being. *Journal of Applied Psychology*, 64, 57 – 65.

[97] Burke, R. J., Weir, T., & DuWors, Jr., R. E. (1980). Work Demands on Administrators and Spouse Well – Being. *Human Relations*, 33, 253 – 278.

[98] Cammann, C., Fichman, M., Jenkins, D., & Klesh, J. R. (1983). Assessing the attitudes and perceptions of organizational members. In S. E. Seashore, E. E. Lawler, P. H. Mirvis, & C. Cammann (Eds.), *Assessing organizational change: A guide to methods, measures, and practices* (Vol. 71, p. 138). New York, NY: Wiley – Interscience.

[99] Carless, S. A., & Bernath, L. (2007). Antecedents of Intent to Change Careers among

Psychologists. *Journal of Career Development*, 33, 183 – 200.

[100] Carlson, D. S., & Frone, M. R. (2003). Relation of Behavioral and Psychological Involvement to a New Four – Factor Conceptualization of Work – Family Interference. *CEUR Workshop Proceedings*, 17, 515 – 535. doi: 10. 1023/A.

[101] Carlson, D. S., & Kacmar, K. M. (2000). Work – Family Conflict in the Organization: Do Life Role Values make a Difference? *Journal of Management*, 26, 1031 – 1054. doi: 10. 1177/014920630002600502.

[102] Carlson, D. S., Kacmar, K. M., & Williams, L. J. (2000). Construction and initial validation of a multidimensional measure of work – family conflict. *Journal of Vocational Behavior*, 56, 249 – 276. doi: 10. 1006/jvbe. 1999. 1713.

[103] Carlson, D. S., & Perrewé, P. L. (1999). The role of social support in the stressor – strain relationship: An examination of work – family conflict. *Journal of Management*, 25, 513 – 540. doi: 10. 1016/S0149 – 2063 (99) 00013 – 6.

[104] Carson, K. D., & Bedeian, A. G. (1994). Career Commitment: Construction of a Measure and Examination of Its Psychometric Properties. *Journal of Vocational Behavior*, 44, 237 – 262. doi: 10. 1006/jvbe. 1994. 1017.

[105] Carsten, J. M., & Spector, P. E. (1987). Unemployment, job satisfaction, and employee turnover: A meta – analytic test of the Muchinsky model. *Journal of Applied Psychology*, 72, 374 – 381. doi: 10. 1037/0021 – 9010. 72. 3. 374.

[106] Carter, M. Z., Mossholder, K. W., Feild, H. S., & Armenakis, A. A. (2014). Transformational Leadership, Interactional Justice, and Organizational Citizenship Behavior. *Group & Organization Management*, 39, 691 – 719. doi: 10. 1177/1059601114551605.

[107] Cascio, W. F. (2007). Trends, paradoxes, and some directions for research in career studies.

[108] Castro, C. B., Armario, E. M., & Ruiz, D. M. (2004). The influence of employee organizational citizenship behavior on customer loyalty. *International Journal of Service Industry Management*, 15, 27 – 53. doi: 10. 1108/09564230410523321.

[109] Cavanaugh, M. A., Boswell, W. R., Roehling, M. V, & Boudreau, J. W. (2000). An empirical examination of self – reported work stress among U. S. managers. *Journal of Applied Psychology*, 85, 65 – 74.

[110] Chang, C. – H. (Daisy), Ferris, D. L., Johnson, R. E., Rosen, C. C., Tan, J. A.,

& Ferrin, D. L. (2012). Core Self – Evaluations: A Review and Evaluation of the Literature. *Journal of Management*, 38, 81 – 128. doi: 10. 1177/0149206311419661.

[111] Chang, C. – H. (Daisy), & Johnson, R. E. (2010). Not all leader – member exchanges are created equal: Importance of leader relational identity. *Leadership Quarterly*, 21, 796 – 808. doi: 10. 1016/j. leaqua. 2010. 07. 008.

[112] Chen, C. – C., & Chiu, S. – F. (2008). An Integrative Model Linking Supervisor Support and Organizational Citizenship Behavior. *Journal of Business and Psychology*, 23, 1 – 10. doi: 10. 1007/s10869 – 008 – 9084 – y.

[113] Chen, C. – C., & Chiu, S. – F. (2009). The mediating role of job involvement in the relationship between job characteristics and organizational citizenship behavior. *The Journal of Social Psychology*, 149, 474 – 494. doi: 10. 3200/SOCP. 149. 4. 474 – 494.

[114] Chen, C. – H. V., & Kao, R. H. (2011). A multilevel study on the relationships between work characteristics, self – efficacy, collective efficacy, and organizational citizenship behavior: The case of Taiwanese police duty – executing organizations. *Journal of Psychology*, 145, 361 – 390. doi: 10. 1080/00223980. 2011. 574168.

[115] Chen, C. – H. V., Tang, Y. – Y., & Wang, S. – J. (2009). Interdependence and organizational citizenship behavior: exploring the mediating effect of group cohesion in multilevel analysis. *Journal of Psychology: Interdisciplinary and Applied*, 143, 625 – 640. doi: 10. 1080/00223980903218273.

[116] Chen, C. – Y., & Yang, C. – F. (2012). The Impact of Spiritual Leadership on Organizational Citizenship Behavior: A Multi – Sample Analysis. *Journal of Business Ethics*, 105, 107 – 114. doi: 10. 1007/S10551 – 01.

[117] Chen, G., Casper, W. J., & Cortina, J. M. (2001). The Roles of Self – Efficacy and Task Complexity in the Relationships Among Cognitive Ability, Conscientiousness, and Work – Related Performance: A Meta – Analytic Examination. *Human Performance*, 14, 209 – 230.

[118] Chen, X., & Hui, C. (1998). The Role of Organizational Citizenship Behavior in Turnover: Conceptualization and Preliminary Tests of Key Hypotheses. *Journal of Applied Psychology*, 83, 922 – 931. doi: 10. 1037/0021 – 9010. 83. 6. 922.

[119] Cheung, F. Y. L., & Cheung, R. Y. H. (2013). Effect of emotional dissonance on organizational citizenship behavior: Testing the stressor – strain – outcome model. *Journal of Psychology*:

Interdisciplinary and Applied, 147, 89–103. doi: 10. 1080/00223980. 2012. 676576.

[120] Cheung, F. Y. L., & Lun, V. M. C. (2015). Relation between Emotional Labor and Organizational Citizenship Behavior: An Investigation among Chinese Teaching Professionals. *Journal of General Psychology*, 142, 253–272. doi: 10. 1080/00221309. 2015. 1091764.

[121] Chiaburu, D. S., Baker, V. L., & Pitariu, A. H. (2006). Beyond being proactive: what (else) matters for career self - management behaviors? *Career Development International*, 11, 619–632.

[122] Chiaburu, D. S., Oh, I. - S., Berry, C. M., Li, N., & Gardner, R. G. (2011). The five-factor model of personality traits and organizational citizenship behaviors: A meta - analysis. *Journal of Applied Psychology*, 96, 1140–66. doi: 10. 1037/a0024004.

[123] Chiang, C. - F., & Hsieh, T. - S. (2012). The impacts of perceived organizational support and psychological empowerment on job performance: The mediating effects of organizational citizenship behavior. *International Journal of Hospitality Management*, 31, 180–190. doi: 10. 1016/j. ijhm. 2011. 04. 011.

[124] Chin, T. (2015). Harmony and organizational citizenship behavior in Chinese organizations. *International Journal of Human Resource Management*, 26, 1110–1129. doi: 10. 1080/09585192. 2014. 934882.

[125] Chiu, S. - F., & Tsai, M. - C. (2006). Relationships Among Burnout, Job Involvement, and Organizational Citizenship Behavior. *The Journal of Psychology*, 140, 517–530. doi: 10. 3200/JRLP. 140. 6. 517–530.

[126] Choi, J. N. (2007). Change-oriented organizational citizenship behavior: Effects of work environment characteristics and intervening psychological processes. *Journal of Organizational Behavior*, 28, 467–484. doi: 10. 1002/job. 433.

[127] Chun, J. S., Shin, Y., Choi, J. N., & Kim, M. S. (2013). How Does Corporate Ethics Contribute to Firm Financial Performance? *Journal of Management*, 39, 853–877. doi: 10. 1177/0149206311419662.

[128] Chung, M. - H., Park, J., Moon, H. K., & Oh, H. (2011). The Multilevel Effects of Network Embeddedness on Interpersonal Citizenship Behavior. *Small Group Research*, 42, 730–760. doi: 10. 1177/1046496411417732.

[129] Chung, Y. W. (2015). The mediating effects of organizational conflict on the relationships between workplace ostracism with in-role behavior and organizational citizenship behav-

ior. *International Journal of Conflict Management*, 26, 366 – 385. doi: 10.1108/IJCMA – 01 – 2014 – 0001.

[130] Clark, O. L., Zickar, M. J., & Jex, S. M. (2014). Role Definition as a Moderator of the Relationship Between Safety Climate and Organizational Citizenship Behavior Among Hospital Nurses. *Journal of Business and Psychology*, 29, 101 – 110. doi: 10.1007/s10869 – 013 – 9302 – 0.

[131] Clayton, R. W., Thomas, C. H., Singh, B., & Winkel, D. E. (2015). Exercise as a Means of Reducing Perceptions of Work – Family Conflict: A Test of the Roles of Self – Efficacy and Psychological Strain. *Human Resource Management*, 54, 1013 – 1035.

[132] Coetzee, M., Mogale, P. M., & Potgieter, I. L. (2015). Moderating role of affectivity in career resilience and career anchors. *Journal of Psychology in Africa*, 25, 438 – 447. doi: 10.1080/14330237.2015.1101272.

[133] Cohen, S., Kamarck, T., & Mermelstein, R. (1983). A Global Measure of Perceived Stress. *Journal of Health and Social Behavior*, 24, 385 – 396. doi: 10.2307/2136404.

[134] Cohen, S., & Williamson, G. (1988). Perceived Stress in a Probability Sample of the United States. In S. Spacapan & S. Oskamp (Eds.), *The Social Psychology of Health*. Newbury Park, CA: Sage.

[135] Connolly, J. J., & Viswesvaran, C. (2000). The role of affectivity in job satisfaction: A meta – analysis. *Personality and Individual Differences*, 29, 265 – 281.

[136] Cooper, C. L. (1981). *The stress check: Coping with the stresses of life and work*. Englewood Cliffs, NJ: Prentice Hall.

[137] Cooper, C. L., & Marshall, J. (1976). Occupational sources of stress: a review of the literature relating to coronary heart disease and mental ill health. *Journal of Occupational and Organizational Psychology*, 49, 11 – 28.

[138] Costa, P. T., & McCrae, R. B. (1992). *Revised NEO Personality Inventory (NEO PI – R) and NEO Five – Factor Inventory (NEO – FFI)*. Psychological Assessment Resources.

[139] Crant, J. M. (1995). The Proactive Personality Scale and objective job performance among real estate agents. *Journal of Applied Psychology*, 80, 532 – 537. doi: 10.1037/0021 – 9010.80.4.532.

[140] Crant, J. M. (2000). Proactive Behavior in Organizations. *Journal of Management*, 26, 435 – 462. doi: 10.1177/014920630002600304.

[141] Crant, J. M., & Bateman, T. S. (2000). Charismatic leadership viewed from above: the impact of proactive personality. *Journal of Organizational Behavior*, 21, 63–75.

[142] Creed, P. A., Lehmann, K., & Hood, M. (2009). The relationship between core self–evaluations, employment commitment and well–being in the unemployed. *Personality and Individual Differences*, 47, 310–315. doi: 10.1016/j.paid.2009.03.021.

[143] Cummings, T., & Cooper, C. L. (1979). A cybernetic framework for studying occupational stress. *Human Relations*, 32, 395–418.

[144] De Bruin, G. P., & Taylor, N. (2005). Development of the sources of work stress inventory. *South African Journal of Psychology*, 35, 748–765. doi: 10.1177/008124630503500408.

[145] De Charms, R. (1968). *Personal causation*. New York: Academic Press.

[146] De Lucena Carvalho, V. A., Fernández Calvo, B., Hernández Martín, L., Ramos Campos, F., & Contador Castillo, I. (2006). Resilience and the burnout–engagement model in formal caregivers of the elderly. *Psicothema*, 18, 791–796.

[147] De Vos, A., & Soens, N. (2008). Protean attitude and career success: The mediating role of self–management. *Journal of Vocational Behavior*, 73, 449–456.

[148] De Groot, T., & Brownlee, A. L. (2006). Effect of department structure on the organizational citizenship behavior–department effectiveness relationship. *Journal of Business Research*, 59, 1116–1123. doi: 10.1016/j.jbusres.2006.09.020.

[149] Dekas, K. H., Bauer, T. N., Welle, B., Kurkoski, J., & Sullivan, S. (2013). Organizational Citizenship Behavior, Version 2.0: A review and Qualitative Investigation of OCBs for Knowledge Workers at Google and beyond. *Academy of Management Perspectives*, 27, 219–237. doi: 10.5465/amp.2011.0097.

[150] Deluga, R. J. (1994). Supervisor trust building, leader–member exchange and organizational citizenship behaviour. *Journal of Occupational and Organizational Psychology*, 67, 315–326.

[151] Deluga, R. J. (1995). The Relationship Between Attributional Charismatic Leadership and Organizational Citizenship Behavior. *Journal of Applied Social Psychology*, 25, 1652–1669. doi: 10.1111/j.1559–1816.1995.tb02638.x.

[152] Dembe, A. E. (2005). The impact of overtime and long work hours on occupational injuries and illnesses: New evidence from the United States. *Occupational and Environmental Medicine*, 62, 588–597. doi: 10.1136/oem.2004.016667.

[153] Demerouti, E., Bakker, A. B., Nachreiner, F., & Schaufeli, W. B. (2001). The job demands – resources model of burnout. *Journal of Applied Psychology*, 86, 499 – 512. doi: 10. 1037/0021 – 9010. 86. 3. 499.

[154] Diener, E., & Ryan, K. (2008). Subjective well – being: A general overview. *South African Journal of Psychology*, 39, 391 – 406.

[155] Dierdorff, E. C., & Ellington, J. K. (2008). It's the nature of the work: Examining behavior – based sources of work – family conflict across occupations. *Journal of Applied Psychology*, 93, 883 – 892. doi: 10. 1037/0021 – 9010. 93. 4. 883.

[156] Diestel, S., Rivkin, W., & Schmidt, K. – H. (2015). Sleep quality and self – control capacity as protective resources in the daily emotional labor process: Results from two diary studies. *Journal of Applied Psychology*, 100, 809 – 827. doi: 10. 1037/a0038373.

[157] Donaldson, S. I., Ensher, E. A., & Grant – Vallone, E. J. (2000). Longitudinal Examination of Mentoring Relationships on Organizational Commitment and Citizenship Behavior. *Journal of Career Development*, 26, 233 – 249. doi: 10. 1177/089484530002600401.

[158] Dugan, A. G., Matthews, R. A., & Barnes – Farrell, J. L. (2012). Understanding the roles of subjective and objective aspects of time in the work – family interface. *Community Work & Family*, 15, 149 – 172.

[159] Dunst, C., & Leet, H. (1987). Measure the adequacy of resources in household with young children. *Child Care Health Dev*, 13, 111 – 125.

[160] Eatough, E. M., Chang, C. – H. (Daisy), Miloslavic, S. a, & Johnson, R. E. (2011). Relationships of role stressors with organizational citizenship behavior: A meta – analysis. *Journal of Applied Psychology*, 96, 619 – 32. doi: 10. 1037/0021 – 9010. 87. 6. 1068.

[161] Eby, L. T., Butts, M. M., Hoffman, B. J., & Sauer, J. B. (2015). Cross – Lagged Relations Between Mentoring Received From Supervisors and Employee OCBs: Disentangling Causal Direction and Identifying Boundary Conditions. *Journal of Applied Psychology*, 100, 1275 – 1285.

[162] Eby, L. T., Casper, W. J., Lockwood, A., Bordeaux, C., & Brinley, A. (2005). Work and family research in IO/OB: Content analysis and review of the literature (1980 – 2002). *Journal of Vocational Behavior*, 66, 124 – 197. doi: 10. 1016/j. jvb. 2003. 11. 003.

[163] Eckenrode, J., & Gore, S. (1990). Stress and Coping at the Boundary of Work and Family. In*Stress between work and family* (pp. 1 – 16). New York, NY: Plenum.

[164] Edwards, J. R. (1996). An examination of competing versions of the person – environment fit approach to stress. *Academy of Management Journal*, 39, 292 – 339.

[165] Edwards, J. R., & Cooper, C. L. (1990). The person – environment fit approach to stress: recurring problems and some suggested solutions. *Journal of Organizational Behavior*, 11, 293 – 307.

[166] Edwards, J. R., & Rothbard, N. P. (2000). Mechanisms Linking Work and Family: Clarifying the Relationship Between Work and Family Constructs. *Academy of Management Review*, 25, 178 – 199.

[167] Ellinger, A. D., Ellinger, A. E., & Keller, S. B. (2003). Supervisory coaching behavior, employee satisfaction, and warehouse employee performance: A dyadic perspective in the distribution industry. *Human Resource Development Quarterly*, 14, 435 – 458. doi: 10. 1002/hrdq. 1078.

[168] Ellington, J. K., Dierdorff, E. C., & Rubin, R. S. (2014). Decelerating the diminishing returns of citizenship on task performance: The role of social context and interpersonal skill. *Journal of Applied Psychology*, 99, 748 – 58. doi: 10. 1037/a0036102.

[169] Erez, A., & Judge, T. A. (2001). Relationship of core self – evaluations to goal setting, motivation, and performance. *Journal of Applied Psychology*, 86, 1270 – 1279. doi: 10. 1037//0021 – 9010. 86. 6. 1270.

[170] Euwema, M. C., Wendt, H., & Van Emmerik, H. (2007). Leadership styles and group organizational citizenship behavior across cultures. *Journal of Organizational Behavior*, 28, 1035 – 1057. doi: 10. 1002/job. 496.

[171] Farh, J. - L., Earley, P. C., & Lin, S. - C. (1997). Impetus for Action: A Cultural Analysis of Justice and Organizational Citizenship Behavior in Chinese Society. *Administrative Science Quarterly*, 42, 421 – 444. doi: 10. 2307/2393733.

[172] Farh, J., Podsakoff, P. M., & Organ, D. W. (1990). Accounting for Organizational Citizenship Behavior: Leader Fairness and Task Scope versus Satisfaction. *Journal of Management*, 16, 705 – 721. doi: 10. 1177/014920639001600404.

[173] Fassina, N. E., Jones, D. a., & Uggerslev, K. L. (2007). Relationship clean – up time: Using meta – analysis and path analysis to clarify relationships among job satisfaction, perceived fairness, and citizenship behaviors. *Journal of Management*, 34, 161 – 188. doi: 10. 1177/0149206307309260.

[174] Felfe, J., Franke, F., & We. (2010). Invited Reaction: Examining the Role of Perceived Leader Behavior on Temporary Employees' Organizational Commitment and Citizenship Behavior. *Human Resource Development Quarterly*, 21, 343 – 351. doi: 10.1002/hrdq.

[175] Fenwick, R., & Tausig, M. (2001). Scheduling Stress Family and Health Outcomes of Shift Work and Schedule Control. *American Behavioral Scientist*, 44, 1179 – 1198.

[176] Ferris, D. L. (2011). Approach or avoidance (or both?): Integrating core self – evaluations within an approach/ avoidance framework. *Personnel Psychology*, 137 – 161. doi: DOI 10.1111/j.1744 – 6570.2010.01204.x.

[177] Ferris, G. R., Bhawuk, D. P. S., Fedor, D. F., & Judge, T. A. (1995). Organizational politics and citizenship: Attributions of intentionality and construct definition. In*Advances in attribution theory: An organizational perspective* (pp. 231 – 252). Delray Beach, FL: St. Lucie Press.

[178] Ferris, G. R., Rogers, L. M., Blass, F. R., & Hochwarter, W. A. (2009). Interaction of job – limiting pain and political skill on job satisfaction and organizational citizenship behavior. *Journal of Managerial Psychology*, 24, 584 – 608. doi: 10.1108/02683940910989002.

[179] Festinger, L. (1962). *A theory of cognitive dissonance* (Vol. 2). Stanford, CA: Stanford university press.

[180] Folkman, S. (2008). The case for positive emotions in the stress process. *Anxiety, Stress & Coping*, 21, 3 – 14. doi: 10.1002/job.4030130708.

[181] Foote, D. a., & Li - Ping Tang, T. (2008). Job satisfaction and organizational citizenship behavior (OCB): Does team commitment make a difference in self – directed teams? *Management Decision*, 46, 933 – 947. doi: 10.1108/00251740810882680.

[182] Ford, M. T., Heinen, B. A., & Langkamer, K. L. (2007). Work and family satisfaction and conflict: A meta – analysis of cross – domain relations. *Journal of Applied Psychology*, 92, 57 – 80. doi: 10.1037/0021 – 9010.92.1.57.

[183] Fredriksen, K. I., & Scharlach, A. E. (1999). Employee family care responsibilities. *Family Relations*, 49, 189 – 196.

[184] French, J. R. P., Caplan, R. D., & Van Harrison, R. (1982). The mechanisms of job stress and strain. London: *Wiley*.

[185] French, J. R. P., Rogers, W., & Cobb, S. (1974). Adjustment as person – environ-

ment fit. In G. V. Coelho, D. A. Hamburg, & J. E. Adams (Eds.), *Coping and adaptation* (pp. 316–333). New York: Basic Books.

[186] Freudenberger, H. J. (1974). Staff Burn - Out. *Journal of Social Issues*, 30, 159–165.

[187] Frone, M. R. (2003). Work – family balance. In Q. JC & T. LE (Eds.), *Handbook of occupational health psychology* (pp. 143–162). Washington, DC: American Psychological Association.

[188] Frone, M. R., Russell, M., & Cooper, M. L. (1992a). Antecedents and outcomes of work – family conflict: Testing a model of the work – family interface. *Journal of Applied Psychology*, 77, 65–78. doi: 10.1037/0021–9010.77.1.65.

[189] Frone, M. R., Russell, M., & Cooper, M. L. (1992b). Prevalence of work – family conflict: Are work and family boundaries asymmetrically permeable? *Journal of Organizational Behavior*, 13, 723–729. doi: 10.1002/job.4030130708.

[190] Frone, M. R., Russell, M., & Cooper, M. L. (1994). Relationship between job and family satisfaction: Causal or noncausal covariation? *Journal of Management*, 20, 565–579.

[191] Frye, N. K., & Breaugh, J. A. (2004). Family – friendly policies, supervisor support, work – family conflict, family – work conflict, and satisfaction: A test of a conceptual model. *Journal of Business and Psychology*, 19, 197–220.

[192] Fu, C. K., & Shaffer, M. A. (2001). The tug of work and family: Direct and indirect domain – specific determinants of work – family conflict. *International Journal of Epidemiology*, 8, 1–2. doi: 10.1509/jmkg.74.1.20.

[193] Galinsky, E. (1994). Families and work: The importance of the quality of the work environment. In *Putting families first: America's family support movement and the challenge of change.* (pp. 112–136). San Francisco, CA, US: Jossey – Bass.

[194] Ganster, D. C., & Schaubroeck, J. (1991). Work Stress and Employee Health. *Journal of Management*, 17, 235–271. doi: 10.1177/014920639101700202.

[195] Gao, Y., Shi, J., Niu, Q., & Wang, L. (2013). Work – family conflict and job satisfaction: Emotional intelligence as a moderator. *Stress and Health*, 29, 222–228. doi: 10.1002/smi.2451.

[196] Gardner, D. G., & Pierce, J. L. (2010). The Core Self – Evaluation Scale: Further Construct Validation Evidence. *Educational & Psychological Measurement*, 70, 291–304.

[197] Glass, J., & Fujimoto, T. (1995). Employer characteristics and the provision of family-responsive policies. *Work and Occupations*, 22, 380–411.

[198] Goff, S. J., Mount, M. K., & Jamison, R. L. (2006). Employer supported child care, work/family conflict, and absenteeism: A field study. *Personnel Psychology*, 43, 793–809. doi: 10. 1111/j. 1744–6570. 1990. tb00683. x.

[199] Goh, Z. W., Ilies, R., & Wilson, K. S. (2015). Supportive supervisors improve employees' daily lives: The role supervisors play in the impact of daily workload on life satisfaction via work–family conflict. *Journal of Vocational Behavior*, 89, 65–73. doi: 10. 1016/j. jvb. 2015. 04. 009.

[200] Golden, L. (2008). Limited access: Disparities in flexible work schedules and work-at-home. *Journal of Family and Economic Issues*, 29, 86–109. doi: 10. 1007/s10834–007–9090–7.

[201] González-Romá, V., Schaufeli, W. B., Bakker, A. B., & Lloret, S. (2006). Burnout and work engagement: Independent factors or opposite poles? *Journal of Vocational Behavior*, 68, 165–174. doi: 10. 1016/j. jvb. 2005. 01. 003.

[202] Gowan, M. A., Craft, S. L., & Zimmermann, R. A. (2000). Response to work transitions by United States Army personnel: effects of self–esteem, self–efficacy, and career resilience. *Psychological Reports*, 86, 911–921.

[203] Graham, J. W., & Van Dyne, L. (2006). Gathering information and exercising influence: Two forms of civic virtue organizational citizenship behavior. *Employee Responsibilities and Rights Journal*, 18, 89–109. doi: 10. 1007/s10672–006–9007–x.

[204] Grawitch, M. J., Barber, L. K., & Justice, L. (2010). Rethinking the work-life interface: It's not about balance, it's about resource allocation. *Applied Psychology: Health and Well-Being*, 2, 127–159. doi: 10. 1111/j. 1758–0854. 2009. 01023. x.

[205] Green, D. E., Walkey, F. H., & Taylor, A. J. (1991). The three-factor structure of the Maslach Burnout Inventory: A multicultural, multinational confirmatory study. *Journal of Social Behavior & Personality*, 6, 453–472.

[206] Greenbaum, R. L., Quade, M. J., Mawritz, M. B., Kim, J., & Crosby, D. (2014). When the Customer Is Unethical: The Explanatory Role of Employee Emotional Exhaustion Onto Work–Family Conflict, Relationship Conflict With Coworkers, and Job Neglect. *Journal of Applied Psychology*, 99, 1188–1203.

[207] Greenhaus, J. H., & Beutell, N. J. (1985). Sources of conflict between work and family roles. *Academy of Management Review*, 10, 76 – 88. doi: 10.5465/AMR.1985.4277352.

[208] Greenhaus, J. H., Callanan, G. A. G. A., & Godshalk, V. M. (2009). *Career management*. Fort Worth: The Dryden Press.

[209] Greenhaus, J. H., & Powell, G. N. (2006). When work and family are allies: A theory of work – family enrichment. *Academy of Management Review*, 31, 72 – 92. doi: 10.5465/AMR.2006.19379625.

[210] Griffin, M. A. (1997). Interaction between individuals and situations: Using HLM procedures to estimate reciprocal relationships. *Journal of Management*, 23, 759 – 773.

[211] Grzeda, M. M., & Prince, J. B. (1997). Career motivation measures: a test of convergent and discriminant validity. *International Journal of Human Resource Management*, 8, 172 – 196.

[212] Grzywacz, J. G., Carlson, D. S., & Shulkin, S. (2008). Schedule flexibility and stress: Linking formal flexible arrangements and perceived flexibility to employee health. *Community Work & Family*, 11, 199 – 214.

[213] Grzywacz, J. G., & Marks, N. F. (2000). Reconceptualizing the work – family interface: An ecological perspective on the correlates of positive and negative spillover between work and family. *Journal of Occupational Health Psychology*, 5, 111 – 126. doi: 10.1037/1076 – 8998.5.1.111.

[214] Guay, R. P., & Choi, D. (2015). To whom does transformational leadership matter more? An examination of neurotic and introverted followers and their organizational citizenship behavior. *Leadership Quarterly*, 26, 851 – 862. doi: 10.1016/j.leaqua.2015.06.005.

[215] Guichard, J., & Dumora, B. (2008). A Constructivist Approach to Ethically Grounded Vocational Development Interventions for Young People. In J. Athanasou & R. Van Esbroeck (Eds.), *International handbook of career guidance* (pp. 187 – 208). Dordrecht, The Netherlands: Springer Science.

[216] Gupta, A. K., & Govindarajan, V. (1984). Business unit strategy, managerial characteristics, and business unit effectiveness at strategy implementation. *Academy of Management Journal*, 27, 25 – 41. doi: 10.2307/255955.

[217] Gutek, B. A., Searle, S., & Klepa, L. (1991). Rational versus gender role explanations for work – family conflict. *Journal of Applied Psychology*, 76, 560 – 568. doi:

10. 1037/0021 – 9010. 76. 4. 560.

[218] Hackman, J. R., & Oldham, G. R. (1976). Motivation through the design of work: test of a theory. *Organizational Behavior and Human Performance*, 16, 250 – 279. doi: 10. 1016/0030 – 5073（76）90016 – 7.

[219] Haines, V. Y., Harvey, S., Durand, P., & Marchand, A. (2013). Core self – evaluations, work – Family conflict, and burnout. *Journal of Marriage and Family*, 75, 778 – 793. doi: 10. 1111/jomf. 12026.

[220] Halbesleben, J. R. B., Bowler, W. M., Bolino, M. C., & Turnley, W. H. (2010). Organizational concern, prosocial values, or impression management? How supervisors attribute motives to organizational citizenship behavior. *Journal of Applied Social Psychology*, 40, 1450 – 1489. doi: 10. 1111/j. 1559 – 1816. 2010. 00625. x.

[221] Halbesleben, J. R. B., Harvey, J., & Bolino, M. C. (2009). Too engaged? A conservation of resources view of the relationship between work engagement and work interference with family. *Journal of Applied Psychology*, 94, 1452 – 1465. doi: 10. 1037/a0017595.

[222] Halbesleben, J. R. B., Wheeler, A. R., & Paustian – Underdahl, S. C. (2013). The impact of furloughs on emotional exhaustion, self – rated performance, and recovery experiences. *Journal of Applied Psychology*, 98, 492 – 503. doi: 10. 1037/a0032242.

[223] Hammer, L. B., Allen, E., & Grigsby, T. D. (1997). Work – Family Conflict in Dual – Earner Couples: Within – Individual and Crossover Effects of Work and Family. *Journal of Vocational Behavior*, 50, 185 – 203.

[224] Hammer, L. B., Kossek, E. E., Anger, W. K., Bodner, T., & Zimmerman, K. L. (2011). Clarifying Work – Family Intervention Processes: The Roles of Work – Family Conflict and Family Supportive Supervisor Behaviors. *Journal of Applied Psychology*, 96, 134 – 150.

[225] Hardy, G. E., Woods, D., & Wall, T. D. (2003). The impact of psychological distress on absence from work. *Journal of Applied Psychology*, 88, 306 – 314.

[226] Harrington, J. M., Council, E., Court, E., Harrington, J. M., Council, E., & Court, E. (1994). Working long hours and health. *British Journal of Management*, 308, 1581 – 1582. doi: 10. 1136/bmj. 308. 6944. 1581.

[227] Harrison, R. (1978). Person – environment fit and job stress. *Stress at Work*, 175 – 205.

[228] Hayes, A. F. (2013). *Introduction to mediation, moderation, and conditional process a-*

nalysis: A regression – based approach. New York, NY: Guilford Press.

[229] Hill, E. J., Grzywacz, J. G., Allen, S., Blanchard, V. L., Matz – Costa, C., Shulkin, S., & Pitt – Catsouphes, M. (2008). Defining and conceptualizing workplace flexibility. *Community Work & Family*, 11, 149 – 163.

[230] Hill, R., Tranby, E., Kelly, E., & Moen, P. (2013). Relieving the Time Squeeze? Effects of a White – Collar Workplace Change on Parents. *Journal of Marriage and Family*, 75, 1014 – 1029. doi: 10. 1111/jomf. 12047.

[231] Hobfoll, S. E. (1989). Conservation of resources: A new attempt at conceptualizing stress. *American Psychologist*, 44, 513 – 524. doi: 10. 1037//0003 – 066X. 44. 3. 513.

[232] Hockey, G. R. J. (1997). Compensatory control in the regulation of human performance under stress and high workload: A cognitive – energetical framework. *Biological Psychology*, 45, 73 – 93. doi: 10. 1016/S0301 – 0511 (96) 05223 – 4.

[233] Hofferth, S. L., & Sandberg, J. F. (2001). How American children spend their time. *Journal of Marriage and Family*, 63, 295 – 308.

[234] Holahan, C. K., & Gilbert, L. A. (1979). Interrole conflict for working women: careers versus jobs. *Journal of Applied Psychology*, 64, 86 – 90.

[235] Hsiung, H. H., Lin, C. W., & Lin, C. S. (2012). Nourishing or suppressing? The contradictory influences of perception of organizational politics on organizational citizenship behaviour. *Journal of Occupational and Organizational Psychology*, 85, 258 – 276. doi: 10. 1111/j. 2044 – 8325. 2011. 02030. x.

[236] Hu, J., Liden, R. C., & Clarity, P. (2011). Antecedents of team potency and team effectiveness: an examination of goal and process clarity and servant leadership. *Journal of Applied Psychology*, 96, 851 – 62. doi: 10. 1037/a0022465.

[237] Hughes, E. L., & Parkes, K. R. (2007). Work hours and well – being: The roles of work – time control and work – family interference. *Work & Stress*, 21, 264 – 278. doi: 10. 1080/02678370701667242.

[238] Hui, C., Lee, C., & Rousseau, D. M. (2004). Psychological Contract and Organizational Citizenship Behavior in China: Investigating Generalizability and Instrumentality. *Journal of Applied Psychology*, 89, 311 – 321. doi: 10. 1037/0021 – 9010. 89. 2. 311.

[239] Hui, C., Lee, C., & Wang, H. (2015). Organizational inducements and employee citizenship behavior: The mediating role of perceived insider status and the moderating role of

collectivism. *Human Resource Management*, 54, 439 – 456. doi: 10. 1002/hrm.

[240] Hurst, C. S., Baranik, L. E., & Clark, S. (2016). Job Content Plateaus: Justice, Job Satisfaction, and Citizenship Behavior. *Journal of Career Development*, 44, 283 – 296. doi: 10. 1177/0894845316652250.

[241] Hurtado, D. A., Glymour, M. M., Berkman, L. F., Hashimoto, D., Reme, S. E., & Sorensen, G. (2015). Schedule control and mental health: the relevance of coworkers' reports. *Community, Work and Family*, 18, 416 – 434. doi: 10. 1080/13668803. 2015. 1080663.

[242] Iaffaldano, M. T., & Muchinsky, P. M. (1985). Job Satisfaction and Job Performance. A Meta – Analysis. *Psychological Bulletin*, 97, 251 – 273. doi: 10. 1037/0033 – 2909. 97. 2. 251.

[243] Ilies, R., Fulmer, I. S., Spitzmuller, M., & Johnson, M. D. (2009). Personality and citizenship behavior: the mediating role of job satisfaction. *Journal of Applied Psychology*, 94, 945 – 59. doi: 10. 1037/a0013329.

[244] Ilies, R., Nahrgang, J. D., & Morgeson, F. P. (2007). Leader – member exchange and citizenship behaviors: A meta – analysis. *Journal of Applied Psychology*, 92, 269 – 77. doi: 10. 1037/0021 – 9010. 92. 1. 269.

[245] Ilies, R., Scott, B. A., & Judge, T. A. (2006). the Interactive Effects of Personal Traits and Experienced States on Interindividual Patterns of Citizenship Behavior. *Academy of Management Journal*, 49, 561 – 575. doi: 10. 5465/AMJ. 2006. 21794672.

[246] Jackson, S. E., Schwab, R. L., & Schuler, R. S. (1986). Toward an Understanding of the Burnout Phenomenon. *Journal of Applied Psychology*, 71, 630 – 640. doi: 10. 1037/0021 – 9010. 71. 4. 630.

[247] Jacobs, J. A., & Gerson, K. (2005). *The time divide: work, family, and gender inequality*. Cambridge, MA: Harvard University Press.

[248] Jiao, C., Richards, D. A., & Hackett, R. D. (2013). Organizational citizenship behavior and role breadth: A meta – analytic and cross – cultural analysis. *Human Resource Management*, 52, 697 – 714. doi: 10. 1002/hrm.

[249] Jiao, C., Richards, D. A., & Zhang, K. (2011). Leadership and Organizational Citizenship Behavior: OCB – Specific Meanings as Mediators. *Journal of Business and Psychology*, 26, 11 – 25. doi: 10. 1007/s10869 – 010 – 9168 – 3.

[250] Johnson, R. E., Lanaj, K., & Barnes, C. M. (2014). The good and bad of being fair: Effects of procedural and interpersonal justice behaviors on regulatory resources. *Journal of*

Applied Psychology, 99, 635 – 50. doi: 10. 1037/a0035647.

[251] Judge, T. A. (2009). Core self – evaluations and work success. *Current Directions in Psychological Science*, 18, 58 – 62. doi: 10. 1111/j. 1467 – 8721. 2009. 01606. x.

[252] Judge, T. A., & Bono, J. E. (2001). A rose by any other name: Are self – esteem, generalized self – efficacy, neuroticism, and locus of control indicators of a common construct? In B. W. Roberts & R. Hogan (Eds.), *Personality Psychology in the Workplace: Decade of Behavior* (pp. 93 – 118). Washington DC: American Psychological Association.

[253] Judge, T. A., & Bono, J. E. (2001). Relationship of core self – evaluations traits—self – esteem, generalized self – efficacy, locus of control, and emotional stability—with job satisfaction and job performance: a meta – analysis. *Journal of Applied Psychology*, 86, 80 – 92. doi: 10. 1037/0021 – 9010. 86. 1. 80.

[254] Judge, T. A., Bono, J. E., Erez, A., & Locke, E. A. (2005). Core self – evaluations and job and life satisfaction: The role of self – concordance and goal attainment. *Journal of Applied Psychology*, 90, 257 – 268. doi: 10. 1037/0021 – 9010. 90. 2. 257.

[255] Judge, T. A., Boudreau, J. W., & Bretz, R. D. (1994). Job and Life Attitudes of Male Executives. *Journal of Applied Psychology*, 79, 767 – 782. doi: 10. 1037/0021 – 9010. 79. 5. 767.

[256] Judge, T. A., Erez, A., Bono, J. E., & Thoresen, C. J. (2002). Are measures of self – esteem, neuroticism, locus of control, and generalized self – efficacy indicators of a common core construct? *Journal of Personality and Social Psychology*, 83, 693 – 710.

[257] Judge, T. A., Erez, A., Bono, J. E., & Thoresen, C. J. (2003). The core self – evaluations scale: Development of a measure. *Personnel Psychology*, 56, 303 – 331. doi: 10. 1111/j. 1744 – 6570. 2003. tb00152. x.

[258] Judge, T. A., & Hurst, C. (2007). Capitalizing on one's advantages: Role of core self – evaluations. *Journal of Applied Psychology*, 92, 1212 – 1227. doi: 10. 1037/0021 – 9010. 92. 5. 1212.

[259] Judge, T. A., Ilies, R., & Zhang, Z. (2012). Genetic influences on core self – evaluations, job satisfaction, and work stress: A behavioral genetics mediated model. *Organizational Behavior and Human Decision Processes*, 117, 208 – 220. doi: 10. 1016/j. obhdp. 2011. 08. 005.

[260] Judge, T. A., & Kammeyer – Mueller, J. D. (2011). Implications of core self – evalua-

tions for a changing organizational context. *Human Resource Management Review*, 21, 331 – 341. doi: 10. 1016/j. hrmr. 2010. 10. 003.

[261] Judge, T. A., & Larsen, R. J. (2001). Dispositional affect and job satisfaction: A review and theoretical extension. *Organizational Behavior and Human Decision Processes*, 86, 67 – 98. doi: 10. 1006/obhd. 2001. 2973.

[262] Judge, T. A., Locke, E. A., & Durham, C. C. (1997). The dispositional causes of job satisfaction: A core evaluation approach. *Research in Organizational Behavior*, 19, 151 – 188.

[263] Judge, T. A., Locke, E. A., & Durham, C. C. (1997). The dispositional causes of job satisfaction: A core evaluations approach. *Research in Organizational Behavior*, 19, 151 – 188.

[264] Judge, T. A., & Watanabe, S. (1994). Individual – Differences in the Nature of the Relationship between Job and Life Satisfaction. *Journal of Occupational and Organizational Psychology*, 67, 101 – 107. doi: 10. 1111/j. 2044 – 8325. 1994. tb00554. x.

[265] Kacmar, K. M., Bachrach, D. G., Harris, K. J., & Zivnuska, S. (2011). Fostering good citizenship through ethical leadership: exploring the moderating role of gender and organizational politics. *Journal of Applied Psychology*, 96, 633 – 42. doi: 10. 1037/a0021872.

[266] Kahn, R. L., Wolfe, D. M., Quinn, R. P., Snoek, J. D., & Rosenthal, R. A. (1964). *Organizational stress: Studies in role conflict and ambiguity*. Oxford, England: John Wiley.

[267] Kando, T. M., & Summers, W. C. (1971). The Impact of Work on Leisure: Toward a Paradigm and Research Strategy. *Pacific Sociological Review*, 14, 310 – 327.

[268] Kanter, R. M. (1977). *Work and family in the United States: A critical review and agenda for research and policy*. New York, NY: Russell Sage Foundation.

[269] Karam, C. M. (2011). Good organizational soldiers: conflict - related stress predicts citizenship behavior. *International Journal of Conflict Management*, 22, 300 – 319. doi: 10. 1108/10444061111152982.

[270] Karasek, R. A. (1979). Job demands, job decisions latitude and mental strain: Implications for job redesign. *Administrative Science Quarterly*, 24, 285 – 308. doi: 10. 2307/2392498.

[271] Karger, H. J. (1981). Burnout as Alienation. *Social Service Review*, 55, 270 – 283.

[272] Karriker, J. H., & Williams, M. L. (2009). Organizational Justice and Organizational Citizenship Behavior: A Mediated Multifoci Model. *Journal of Management*, 35, 112 – 135. doi: 10. 1177/0149206307309265.

[273] Katz, D., & Kahn, R. L. (1978). *The Social Psychology of Organisations*. New York: Wiley.

[274] Kazdin, A. E. (1974). Reactive self – monitoring: the effects of response desirability, goal setting, and feedback. *Journal of Consulting & Clinical Psychology*, 42, 704 – 716.

[275] Kelly, E. L., & Moen, P. (2007). Rethinking the clockwork of work: why schedule control may pay off at work and at home. *Advances in Developing Human Resources*, 9, 487 – 506. doi: 10. 1177/1523422307305489.

[276] Kenny, D. A. (1995). The effect of nonindependence on significance testing in dyadic research. *Personal Relationships*, 2, 67 – 75. doi: 10. 1111/j. 1475 – 6811. 1995. tb00078. x.

[277] Kidd, J. M., & Green, F. (2006). The careers of research scientists: Predictors of three dimensions of career commitment and intention to leave science. *Personnel Review*, 35, 229 – 251.

[278] Kidwell, R. E., Jr, Mossholder, K. W., & Bennett, N. (1997). Cohesiveness and Organizational Citizenship Behavior: A Multilevel Analysis Using Work Groups and Individuals. *Journal of Management*, 23, 775 – 793. doi: 10. 1177/014920639702300605.

[279] Kinnunen, U., & Mauno, S. (1998). Antecedents and Outcomes of Work Family Conflict Among Employed Women and Men in Finland. *Human Relations*, 51, 157 – 177.

[280] Kleppa, E., Sanne, B., & Tell, G. S. (2008). Working overtime is associated with anxiety and depression: The Hordaland health study. *Journal of Occupational and Environmental Medicine*, 50, 658 – 666. doi: 10. 1097/JOM. 0b013e3181734330.

[281] Kluemper, D. H. (2008). Trait emotional intelligence: The impact of core – self evaluations and social desirability. *Personality and Individual Differences*, 44, 1402 – 1412. doi: 10. 1016/j. paid. 2007. 12. 008.

[282] Koning, L. F., & Van Kleef, G. A. (2015). How leaders' emotional displays shape followers' organizational citizenship behavior. *Leadership Quarterly*, 26, 489 – 501. doi: 10. 1016/j. leaqua. 2015. 03. 001.

[283] Konovsky, M. A., & Organ, D. W. (1996). Dispositional and contextual determinants of organizational citizenship behavior. *Journal of Organizational Behavior*, 17, 253 –

266. doi: 10.1002/ (sici) 1099 - 1379 (199605) 17: 3 < 253:: aid - job747 > 3.0. co; 2 - q.

[284] Konovsky, M. A., & Pugh, S. D. (1994). Citizenship behavior and social exchange. *Academy of Management Journal*, 37, 656 - 669. doi: 10.2307/256704.

[285] Koopman, J., Lanaj, K., & Scott, B. A. (2016). Integrating the bright and dark sides of OCB: A daily investigation of the benefits and costs of helping others. *Academy of Management Journal*, 59, 414 - 435. doi: 10.5465/amj.2014.0262.

[286] Kopelman, R. E., Greenhaus, J. H., & Connolly, T. F. (1983). A model of work, family, and interrole conflict: A construct validation study. *Organizational Behavior and Human Performance*, 32, 198 - 215. doi: 10.1016/0030 - 5073 (83) 90147 - 2.

[287] Korsgaard, M. A., Meglino, B. M., Lester, S. W., & Jeong, S. S. (2010). Paying you back or paying me forward: Understanding rewarded and unrewarded organizational citizenship behavior. *Journal of Applied Psychology*, 95, 277 - 290. doi: 10.1037/a0018137.

[288] Kossek, E. E., & Ozeki, C. (1998). Work - family conflict, policies, and the job - life satisfaction relationship: A review and directions for organizational behavior - human resources research. *Journal of Applied Psychology*, 83, 139 - 149. doi: 10.1037/0021 - 9010.83.2.139.

[289] Kossek, E. E., & Ozeki, C. (1999). Bridging the work - family policy and productivity gap: A literature review. *Community, Work & Family*, 2, 7 - 32. doi: 10.1080/13668809908414247.

[290] Koys, D. (2001). The Effects of Employee Satisfaction, Organizational Citizenship Behavior, and Turnover On Organizational Effectiveness: a Unit - Level, Longitudinal Study. *Personnel Psychology*, 54, 101 - 114. doi: 10.1111/j.1744 - 6570.2001.tb00087.x.

[291] Kunin, T. (1955). The Construction of a New Type of Attitude Measure. *Personnel Psychology*, 8, 65 - 77.

[292] Kwan, H. K., Liu, J., & Yim, F. H. kit. (2011). Effects of mentoring functions on receivers' organizational citizenship behavior in a Chinese context: A two - study investigation. *Journal of Business Research*, 64, 363 - 370. doi: 10.1016/j.jbusres.2010.04.003.

[293] Lait, J., & Wallace, J. E. (2002). Stress at work: A study of organizational - professional conflict and unmet expectations. *Relations Industrielles*, 57, 463 - 490. doi: 10.7202/006886ar.

[294] Lam, C. F., Liang, J., Ashford, S. J., Lee, C., Ashford, S. J., & Lee, C. (2015). Job Insecurity and Organizational Citizenship Behavior: Exploring Curvilinear and Moderated Relationships. *Journal of Applied Psychology*, 100, 499 – 510. doi: 10.1037/a0038659.

[295] Lam, C. F., Wan, W., & Roussin, C. (2015). Going the Extra Mile and Feeling Energized: An Enrichment Perspective of Organizational Citizenship Behaviors. *Journal of Applied Psychology*, 101, 379 – 391. doi: 10.1037/apl0000071.

[296] Lam, S. S. K., Hui, C., & Law, K. S. (1999). Organizational citizenship behavior: Comparing perspectives of supervisors and subordinates across four international samples. *Journal of Applied Psychology*, 84, 594 – 601. doi: 10.1037//0021 – 9010.84.4.594.

[297] Lambert, S. J. (1991). The combined effects of job and family characteristics on the job satisfaction, job involvement, and intrinsic motivation of men and women workers. *Journal of Organizational Behavior*, 12, 341 – 363.

[298] Lambert, S. J. (2000). Added Benefits: the Link Between Work – Life Benefits and Organizational Citizenship Behavior. *Academy of Management Journal*, 43, 801 – 816. doi: 10.2307/1556411.

[299] Lamm, E., Tosti – Kharas, J., & Williams, E. G. (2013). Read This Article, but Don't Print It: Organizational Citizenship Behavior Toward the Environment Group. *Group & Organization Management*, 38, 163 – 197. doi: 10.1177/1059601112475210.

[300] Landis, R. S., Beal, D. J., & Tesluk, P. E. (2000). A comparison of approaches to forming composite measures in structural equation models. *Organizational Research Methods*, 3, 186 – 207. doi: 10.1177/109442810032003.

[301] Lapierre, L. M., & Allen, T. D. (2012). Control at Work, Control at Home, and Planning Behavior: Implications for Work – Family Conflict. *Journal of Management*, 38, 1500 – 1516. doi: http://dx.doi.org/10.1177/0149206310385868.

[302] Lazarus, R. S. (1966). *Psychological Stress and the Coping Proces*. New York: McGraw – Hill.

[303] Lazarus, R. S., & Folkman, S. (1984). *Stress, appraisal and the coping process*. New York: Springer.

[304] Lee, K., & Allen, N. J. (2002). Organizational citizenship behavior and workplace devi-

ance: the role of affect and cognitions. *Journal of Applied Psychology*, 87, 131 – 142. doi: 10. 1037/0021 – 9010. 87. 1. 131.

[305] Lee, R. T., & Ashforth, B. E. (1990). On the Meaning of Maslach's Three Dimensions of Burnout. *Journal of Applied Psychology*, 75, 743 – 747. doi: 10. 1037/0021 – 9010. 75. 6. 743.

[306] Lee, R. T., & Ashforth, B. E. (1996). A meta – analytic examination of the correlates of the three dimensions of job burnout. *Journal of Applied Psychology*, 81, 123 – 133. doi: 10. 1037//0021 – 9010. 81. 2. 123.

[307] Lee, S., Almeida, D. M., Davis, K., King, R. B., Hammer, L. B., & Kelly, E. L. (2015). Latent profiles of perceived time adequacy for paid work, parenting, and partner roles. *Journal of Family Psychology*, 29, 788 – 798. doi: 10. 1037/a0039433.

[308] Lee, T. – Z., Wu, C. – H., & Hong, C. – W. (2007). An Empirical Investigation of the Influence of Safety Climate on Organizational Citizenship Behavior in Taiwan's Facilities. *International Journal of Occupational Safety and Ergonomics*, 13, 255 – 269. doi: 10. 1080/10803548. 2007. 11076726.

[309] Leiter, M., Maslach, C., & Schaufeli, W. B. (2001). Job burnout. *Annual Review of Psychology*, 52, 397 – 422.

[310] Lemmon, G., & Wayne, S. J. (2015). Underlying Motives of Organizational Citizenship Behavior. *Journal of Leadership & Organizational Studies*, 22, 129 – 148. doi: 10. 1177/1548051814535638.

[311] LePine, J. A., Podsakoff, N. P., & Lepine, M. A. (2005). A Meta – Analytic Test of the Challenge Stressor – Hindrance Stressor Framework: An Explanation for Inconsistent Relationships among Stressors and Performance. *Academy of Management Journal*, 48, 764 – 775.

[312] Lester, S. W., Meglino, B. M., & Korsgaard, M. A. (2008). The role of other orientation in organizational citizenship behavior. *Journal of Organizational Behavior*, 29, 829 – 841. doi: 10. 1002/job. 504.

[313] Levenson, H. (1974). Activism and powerful others: Distinctions within the concept of internal – external control. *Journal of Personality Assessment*, 38, 377 – 383.

[314] Levy, P. E. (2003). *Industrial/organizational psychology: understanding the workplace*. Boston, MA: Houghton Mifflin.

[315] Li, M., Liu, W., Han, Y., & Zhang, P. (2016). Linking empowering leadership and

change – oriented organizational citizenship behavior. *Journal of Organizational Change Management*, 29, 732 – 750. doi: 10.1108/JOCM – 02 – 2015 – 0032.

[316] Li, N., Chiaburu, D. S., & Kirkman, B. L. (2017). Cross – Level Influences of Empowering Leadership on Citizenship Behavior. *Journal of Management*, 43, 1076 – 1102. doi: 10.1177/0149206314546193.

[317] Li, X., & Kong, M. (2015). The effect of employee's political skill on organizational citizenship behavior. *Nankai Business Review International*, 6, 350 – 363. doi: 10.1108/NBRI – 01 – 2015 – 0001.

[318] Lian, H., Ferrin, D. L., Morrison, R., & Brown, D. J. (2014). Blame it on the supervisor or the subordinate? Reciprocal relations between abusive supervision and organizational deviance. *Journal of Applied Psychology*, 99, 651 – 64. doi: 10.1037/a0035498.

[319] Lief, H. I., & Fox, D. C. (1963). Training for "detached concern" in medical students. In H. I. Lief, V. F. Lief, & N. R. Lief (Eds.), *The psychological basis of medical practice*. New York: McGraw – Hill.

[320] Little, T. D., Cunningham, W. A., Shahar, G., & Widaman, K. F. (2002). To parcel or not to parcel: Exploring the question, weighing the merits. *Structural Equation Modeling*, 9, 151 – 173. doi: 10.1207/S15328007SEM0902_ 1.

[321] Liu, D., Liao, H., & Loi, R. (2012). The dark side of leadership: A three – level investigation of the cascading effect of abusive supervision on employee creativity. *Academy of Management Journal*, 55, 1187 – 1212. doi: 10.5465/amj.2010.0400.

[322] Liu, W., Gong, Y., & Liu, J. (2014). When do business units benefit more from collective citizenship behavior of management teams? An upper echelons perspective. *Journal of Applied Psychology*, 99, 523 – 34. doi: 10.1037/a0035538.

[323] Liu, Y., Wang, M., Chang, C. – H. (Daisy), Shi, J., Zhou, L., & Shao, R. (2015). Work – family conflict, emotional exhaustion, and displaced aggression toward others: the moderating roles of workplace interpersonal conflict and perceived managerial family support. *Journal of Applied Psychology*, 100, 793 – 808.

[324] Locke, E. A. (1969). What is job satisfaction? *Organizational Behavior & Human Performance*, 4, 309 – 336.

[325] Loerch, K. J., Russell, J. E. A., & Rush, M. C. (1989). The relationships among family domain variables and work – family conflict for men and women. *Journal of Vocational*

Behavior, 35, 288 – 308.

[326] London, M. (1983). Toward a Theory of Career Motivation. *Academy of Management Review*, 8, 620 – 630.

[327] London, M. (1993). Relationships Between Career Motivation, Empowerment and Support for career development. *Journal of Occupational and Organizational Psychology*, 66, 55 – 69.

[328] London, M., & Bray, D. W. (1984). Measuring and Developing Young Managers' Career Motivation. *Journal of Management Development*, 3, 3 – 25.

[329] London, M., & Mone, E. M. (1987). *Career management and survival in the workplace: Helping employees make tough career decisions, stay motivated, and reduce career stress.* San Francisco, CA: Jossey – Bass.

[330] London, M., & Noe, R. A. (1997). London's career motivation theory: An update on measurement and research. *Journal of Career Assessment*, 5, 61 – 80. doi: 10.1177/10690727 9700500105.

[331] López – Domínguez, M., Enache, M., Sallan, J. M., & Simo, P. (2013). Transformational leadership as an antecedent of change – oriented organizational citizenship behavior. *Journal of Business Research*, 66, 2147 – 2152. doi: 10.1016/j.jbusres.2013.02.041.

[332] Louw, K. R., Dunlop, P. D., Yeo, G. B., & Griffin, M. A. (2016). Mastery approach and performance approach: the differential prediction of organizational citizenship behavior and workplace deviance, beyond HEXACO personality. *Motivation and Emotion*, 40, 566 – 576. doi: 10.1007/s11031 – 016 – 9551 – 0.

[333] Luthans, F. (2002). The need for and meaning of positive organizational behavior. *Journal of Organizational Behavior*, 23, 695 – 706.

[334] Luthar, S. S. (2015). Resilience in Development: A Synthesis of Research across Five Decades. In D. Cicchetti & D. J. Cohen (Eds.), *Developmental psychopathology: Risk, disorder, and adaptation* (pp. 740 – 795). New York, NY: Wiley.

[335] Lyons, S. T., Schweitzer, L., & Ng, E. S. W. (2015). Resilience in the modern career. *Career Development International*, 20, 363 – 383. doi: 10.1108/CDI – 02 – 2015 – 0024.

[336] MacKenzie, S. B., Podsakoff, P. M., & Fetter, R. (1991). Organizational citizenship behavior and objective productivity as determinants of managerial evaluations of salespersons'

performance. *Organizational Behavior and Human Decision Processes*, 50, 123 – 150. doi: 10. 1016/0749 – 5978 (91) 90037 – T.

[337] MacKenzie, S. B., Podsakoff, P. M., & Fetter, R. (1993). The Impact of Organizational Citizenship Behavior on Evaluations of Salesperson Performance. *Journal of Marketing*, 57, 70 – 80. doi: 10. 2307/1252058.

[338] Mansfield, C. F., Beltman, S., Price, A., & McConney, A. (2012). " Don't sweat the small stuff:" Understanding teacher resilience at the chalkface. *Teaching and Teacher Education*, 28, 357 – 367.

[339] Marks, S. R. (1977). Multiple roles and role strain: Some notes on human energy, time and commitment. *American Sociological Review*, 921 – 936.

[340] Marshall, C. M., Chadwick, B. A., & Marshall, B. C. (1991). The influence of employment on family interaction, well – being, and happiness. In S. J. Bahr (Ed.), *Family research: A sixty – year review*, 1930 – 1990 (Vol. 2, pp. 167 – 229).

[341] Martínez – Íñigo, D., & Totterdell, P. (2016). The mediating role of distributive justice perceptions in the relationship between emotion regulation and emotional exhaustion in healthcare workers. *Work & Stress*, 8373, 1 – 20. doi: 10. 1080/02678373. 2015. 1126768.

[342] Maslach, C. (1976). Burned – out. *Human Behavior*, 5, 16 – 22.

[343] Maslach, C. (1982). *Burnout: The Cost of Caring*. Englewood Cliffs, NJ: Prentice – Hall.

[344] Maslach, C., & Jackson, S. (1981). The measurement of experienced Burnout. *Journal of Occupational Behavior*, 2, 99 – 113. doi: 10. 1002/job. 4030020205.

[345] Maslach, C., & Jackson, S. E. (1986). MBI – Human Services Survey, 106.

[346] Matsui, T., Ohsawa, T., & Onglatco, M. Lou. (1995). Work – Family Conflict and the Stress – Buffering Effects of Husband Support and Coping Behavior among Japanese Married Working Women. *Journal of Vocational Behavior*, 47, 178 – 192.

[347] Matta, F. K., Scott, B. A., Koopman, J., & Conlon, D. E. (2015). Does seeing eye to eye affect work engagement and organisational leadership behaviour? A role theory perspective on LMX agreement. *Academy of Management Journal*, 58, 1686 – 1708.

[348] McAllister, D. J., Kamdar, D., Morrison, E. W., & Turban, D. B. (2007). Disentangling role perceptions: How perceived role breadth, discretion, instrumentality, and efficacy relate to helping and taking charge. *Journal of Applied Psychology*, 92, 1200 –

1211. doi: 10.1037/0021-9010.92.5.1200.

[349] Meier, L. L., & Spector, P. E. (2013). Reciprocal effects of work stressors and counter-productive work behavior: a five-wave longitudinal study. *Journal of Applied Psychology*, 98, 529-39. doi: 10.1037/a0031732.

[350] Merllie', D., & Paoli, P. (2000). *Ten years of working conditions in the European Union*. European Foundation for the Improvement of Living and Working Conditions.

[351] Messenger, J. C., Lee, S., & McCann, D. (2007). *Working time around the world: Trends in working hours, laws, and policies in a global comparative perspective*. London: Routledge.

[352] Messer, B. A. E., & White, F. A. (2006). Employees' mood, perceptions of fairness, and organizational citizenship behavior. *Journal of Business and Psychology*, 21, 65-82. doi: 10.1007/s10869-005-9018-x.

[353] Methot, J. R., Lepak, D., Shipp, A. J., & Boswell, W. R. (2017). Good citizen interrupted: Calibrating a temporal theory of citizenship behavior. *Academy of Management Review*, 42, 10-31. doi: 10.5465/amr.2014.0415.

[354] Michel, J. S., Kotrba, L. M., Mitchelson, J. K., Clark, M. A., & Baltes, B. B. (2011). Antecedents of work-family conflict: A meta-analytic review. *Journal of Organizational Behavior*, 32, 689-725. doi: 10.1002/job.695.

[355] Milkie, M. A., Mattingly, M. J., Nomaguchi, K. M., Bianchi, S. M., & Robinson, J. P. (2004). The Time Squeeze: Parental Statuses and Feelings About Time With Children. *Journal of Marriage & Family*, 66, 739-761.

[356] Mishra, P., & McDonald, K. (2017). Career Resilience: An Integrated Review of the Empirical Literature. *Human Resource Development Review*, 16, 207-234. doi: 10.1177/1534484317719622.

[357] Mo, S., & Shi, J. (2017). Linking Ethical Leadership to Employees' Organizational Citizenship Behavior: Testing the Multilevel Mediation Role of Organizational Concern. *Journal of Business Ethics*, 141, 151-162. doi: 10.1007/s10551-015-2734-x.

[358] Moen, P., Kelly, E. L., & Lam, J. (2013). Healthy work revisited: Do changes in time strain predict well-being? *Journal of Occupational Health Psychology*, 18, 157-172. doi: 10.1037/a0031804.

[359] Moen, P., & Roehling, P. (2005). *The career mystique: Cracks in the American*

dream. Rowman & Littlefield Publishers.

[360] Moon, H., Hollenbeck, J. R., Marinova, S., & Humphrey, S. E. (2008). Beneath the surface: Uncovering the relationship between extraversion and organizational citizenship behavior through a facet approach. *International Journal of Selection and Assessment*, 16, 143 – 154. doi: 10.1111/j.1468 – 2389.2008.00419.x.

[361] Moorman, R. H. (1993). The influence of cognitive and affective based job satisfaction measures on the relationship between satisfaction and organizational citizenship behavior. *Human Relations*, 46, 759 – 776. doi: 10.1177/001872679304600604.

[362] Moorman, R. H., Blakely, G. L., & Niehoff, B. P. (1998). Does perceived organizational support mediate the relationship between procedural justice and organizational citizenship behavior? *Academy of Management Journal*, 41, 351 – 357. doi: 10.2307/256913.

[363] Morrison, E. W. (1994). Role definitions and organizational citizenship behavior: The importance of the employee's perspective. *Academy of Management Journal*, 37, 1543 – 1567. doi: 10.2307/256798.

[364] Motowidlo, S. J., Packard, J. S., & Manning, M. R. (1986). Occupational Stress: Its Causes and Consequences for Job Performance. *Journal of Applied Psychology*, 71, 618 – 629. doi: 10.1037/0021 – 9010.71.4.618.

[365] Munyon, T. P., Hochwarter, W. A., Perrewé, P. L., & Ferris, G. R. (2010). Optimism and the Nonlinear Citizenship Behavior – Job Satisfaction Relationship in Three Studies. *Journal of Management*, 36, 1505 – 1528. doi: 10.1177/0149206309350085.

[366] Muthén, L. K., & Muthén, B. O. (2012). *Mplus User's Guide* (7th ed.). Los Angeles, CA: Muthén & Muthén.

[367] Neisser, U. (1976). *Cognition and reality: Principles and implications of cognitive psychology*. Sam Francisco, CA: WH Freeman.

[368] Netemeyer, R. G., Boles, J. S., & McMurrian, R. (1996a). Development and validation of work – family conflict and family – work conflict scales. *Journal of Applied Psychology*, 81, 400 – 410. doi: 10.1037/0021 – 9010.81.4.400.

[369] Netemeyer, R. G., Boles, J. S., & McMurrian, R. (1996b). Development and validation of work – family conflict and family – work conflict scales. *Journal of Applied Psychology*, 81, 400.

[370] Newman, A., Schwarz, G., Cooper, B., & Sendjaya, S. (2015). How Servant Leader-

ship Influences Organizational Citizenship Behavior: The Roles of LMX, Empowerment, and Proactive Personality. *Journal of Business Ethics*, 145, 49 – 62. doi: 10.1007/s10551 – 015 – 2827 – 6.

[371] Ng, T. W. H., & Feldman, D. C. (2011). Affective organizational commitment and citizenship behavior: Linear and non – linear moderating effects of organizational tenure. *Journal of Vocational Behavior*, 79, 528 – 537. doi: 10.1016/j.jvb.2011.03.006.

[372] Nguyen, B., Chang, K., Rowley, C., & Japutra, A. (2016). Organizational citizenship behavior, identification, psychological contract and leadership frames. *Asia – Pacific Journal of Business Administration*, 8, 260 – 280. doi: 10.1108/APJBA – 01 – 2016 – 0010.

[373] Nielsen, T. M., Bachrach, D. G., Sundstrom, E., & Halfhill, T. R. (2012). Utility of OCB: Organizational citizenship behavior and group performance in a resource allocation framework. *Journal of Management*, 38, 668 – 694. doi: 10.1177/0149206309356326.

[374] Nielson, T. R., Carlson, D. S., & Lankau, M. J. (2001). The supportive mentor as a means of reducing work – family conflict. *Journal of Vocational Behavior*, 59, 364 – 381. doi: 10.1006/jvbe.2001.1806.

[375] Noe, R. A., Noe, A. W., & Bachhuber, J. A. (1990). An investigation of the correlates of career motivation. *Journal of Vocational Behavior*, 37, 340 – 356. doi: 10.1016/0001 – 8791(90)90049 – 8.

[376] Nohe, C., & Sonntag, K. (2014). Work – family conflict, social support, and turnover intentions: A longitudinal study. *Journal of Vocational Behavior*, 85, 1 – 12. doi: 10.1016/j.jvb.2014.03.007.

[377] Noraini, M. N. (2002). Work Family Conflict, Locus of Control, and Women's Weil – Being: Tests of Alternative Pathways. *The Journal of Social Psychology*, 142, 645 – 662. doi: 10.1080/00224540209603924.

[378] O' Driscoll, M. P., Brough, P., & Kalliath, T. (2005). Work – family conflict and facilitation. In R. B. F. Jones & M. Westman (Eds.), *Managing the work – home interface*. Hove, Sussex, UK: Psychology Press.

[379] O' Driscoll, M. P., Ilgen, D. R., & Hildreth, K. (1992). Time devoted to job and off – job activities, interrole conflict, and affective experiences. *Journal of Applied Psychology*, 77, 272 – 279. doi: 10.1037/0021 – 9010.77.3.272.

[380] O' Reilly, C. A., & Caldwell, D. F. (1981). The Commitment and Job Tenure of New

Employees: Some Evidence of Postdecisional Justification. *Administrative Science Quarterly*, 26, 597 – 616.

[381] Ohana, M. (2016). Voice, Affective Commitment and Citizenship Behavior in Teams: The Moderating Role of Neuroticism and Intrinsic Motivation. *British Journal of Management*, 27, 97 – 115. doi: 10. 1111/1467 – 8551. 12146.

[382] Organ, D. W. (1988). Organizational citizenship behavior: the good soldier syndrome. *Administrative Science Quarterly*, 41, 692 – 703.

[383] Ozer, M. (2011). A moderated mediation model of the relationship between organizational citizenship behaviors and job performance. *Journal of Applied Psychology*, 96, 1328 – 36. doi: 10. 1037/a0023644.

[384] Packer, E. (1985). Understanding the subconscious. *The Objectivist Forum*, 6, 1 – 10.

[385] Papatraianou, L. H., & Le Cornu, R. (2014). Problematising the role of personal and professional relationships in early career teacher resilience. *Australian Journal of Teacher Education*, 39, 100 – 116. doi: 10. 14221/ajte. 2014v39n1. 7.

[386] Parasuraman, S., Greenhaus, J. H., Rabinowitz, S., Bedeian, A. G., & Mossholder, K. W. (1989). Work and Family Variables As Mediators of the Relationship Between Wives' Employment and Husbands' Well – Being. *Academy of Management Journal*, 32, 185 – 201. doi: 10. 2307/256426.

[387] Payton – Miyazaki, M. Brayfield, A. H. (1976). The good job and the good life: Relation of characteristics of employment to general well – being. In A. D. Biderman & T. E. Drury (Eds.), *Measuring work quality for social reporting* (pp. 105 – 150). Beverly Hills, CA: Sage.

[388] Pearce, C. L., & Herbik, P. A. (2004). Citizenship behavior at the team level of analysis: the effects of team leadership, team commitment, perceived team support, and team size. *Journal of Social Psychology*, 144, 293 – 310. doi: 10. 3200/SOCP. 144. 3. 293 – 310.

[389] Peeters, M. C. W., Montgomery, A. J., Bakker, A. B., & Schaufeli, W. B. (2005). Balancing work and home: How job and home demands are related to burnout. *International Journal of Stress Management*, 12, 43 – 61. doi: 10. 1037/1072 – 5245. 12. 1. 43.

[390] Penner, L. A., Midili, A. R., & Kegelmeyer, J. (1997). Beyond Job Attitudes: A Personality and Social Psychology Perspective on the Causes of Organizational Citizenship Behavior. *Human Performance*, 10, 171 – 192. doi: 10. 1207/s15327043hup1002.

[391] Penney, L. M., & Spector, P. E. (2005). Job stress, incivility, and counterproductive work behavior (CWB): the moderating role of negative affectivity †. *Journal of Organizational Behavior*, 26, 777-796. doi: 10.1002/job.336.

[392] Perlow, L. A. (1998). Boundary Control: The Social Ordering of Work and Family Time in a High-Tech Corporation. *Administrative Science Quarterly*, 43, 328-357.

[393] Perry-Smith, J. E., & Blum, T. C. (2000). Work-family human resource bundles and perceived organizational performance. *Academy of Management Journal*, 43, 1107-1117. doi: 10.2307/1556339.

[394] Philipp, B. L. U., & Lopez, P. D. J. (2013). The Moderating Role of Ethical Leadership: Investigating Relationships Among Employee Psychological Contracts, Commitment, and Citizenship Behavior. *Journal of Leadership & Organizational Studies*, 20, 304-315. doi: 10.1177/1548051813483837.

[395] Piccoli, B., & De Witte, H. (2015). Job insecurity and emotional exhaustion: Testing psychological contract breach versus distributive injustice as indicators of lack of reciprocity. *Work & Stress*, 29, 246-263. doi: 10.1080/02678373.2015.1075624.

[396] Piotrkowski, C. S. (1979). *Work and the family system*. New York, NY: Free Press.

[397] Piotrowski, C., & Vodanovich, S. J. (2006). The Interface between Workaholism and Work-Family Conflict: A Review and Conceptual Framework. *Organization Development Journal*, 24, 84-92.

[398] Pleck, Joseph, H., Staines, Graham, L., Lang, L., Linda, ... Lang, L. (1980). Conflicts between work and family life. *Monthly Labor Review*, 103, 29-32.

[399] Podsakoff, N. P., Whiting, S. W., Podsakoff, P. M., & Blume, B. D. (2009). Individual- and organizational-level consequences of organizational citizenship behaviors: A meta-analysis. *Journal of Applied Psychology*, 94, 122-141. doi: 10.1037/a0013079.

[400] Podsakoff, P. M., & MacKenzie, S. B. (1994). Organizational citizenship behaviors and sales unit effectiveness. *Journal of Marketing Research*, 31, 351-363.

[401] Podsakoff, P. M., MacKenzie, S. B., & Bommer, W. H. (1996). Transformational leader behaviors and substitutes for leadership as determinants of employee satisfaction, commitment, trust, and organizational citizenship. *Journal of Management*, 22, 259-298. doi: 10.1016/S0149-2063 (96) 90049-5.

[402] Podsakoff, P. M., MacKenzie, S. B., Lee, J.-Y., & Podsakoff, N. P. (2003). Common

method biases in behavioral research: A critical review of the literature and recommended remedies. *Journal of Applied Psychology*, 88, 879–903. doi: 10.1037/0021–9010.88.5.879.

[403] Podsakoff, P. M., MacKenzie, S. B., Moorman, R. H., & Fetter, R. (1990). Transformational leader behaviors and their effects on followers' trust in leader, satisfaction, and organizational citizenship behaviors. *Leadership Quarterly*, 1, 107–142. doi: 10.1016/1048–9843(90)90009–7.

[404] Podsakoff, P. M., Podsakoff, P. M., Ahearne, M., Ahearne, M., MacKenzie, S. B., MacKenzie, S. B., … MacKenzie, S. B. (1997). Organizational citizenship behavior and the quantity and quality of work group performance. *Journal of Applied Psychology*, 82, 262–70. doi: 10.1037/0021–9010.82.2.262.

[405] Porter, L. W., & Lawler, E. E. (1968). *Managerial Attitudes and Performance*. Homewood, IL: Dorsey Press.

[406] Preacher, K. J., Rucker, D. D., & Hayes, A. F. (2007). Addressing moderated mediation hypotheses: Theory, methods, and prescriptions. *Multivariate Behavioral Research*, 42, 185–227. doi: 10.1080/00273170701341316.

[407] Presser, H. B. (1995). Job, family, and gender: Determinants of nonstandard work schedules among employed Americans in 1991. *Demography*, 32, 577–598.

[408] Price, J. L., & Mueller, C. W. (1981). *Professional turnover: the case of nurses*. Bridgeport: Luce.

[409] Price, J. L., & Mueller, C. W. (1986). *Absenteeism and turnover of hospital employees*. Greenwich, CT: JAI Press.

[410] Rafferty, A. E., & Restubog, S. L. D. (2011). The Influence of Abusive Supervisors on Followers' Organizational Citizenship Behaviours: The Hidden Costs of Abusive Supervision. *British Journal of Management*, 22, 270–285.

[411] Randall, M. L. M., Cropanzano, R., Bormann, C. A., & Birjulin, A. (1999). Organizational politics and organizational support as predictors of work attitudes, job performance, and organizational citizenship behavior. *Journal of Organizational Behavior*, 20, 159–174. doi: 10.1002/(SICI)1099–1379(199903)20:2<159::AID-JOB881>3.0.CO;2–7.

[412] Rapp, A. A., Bachrach, D. G., & Rapp, T. L. (2013). The influence of time management skill on the curvilinear relationship between organizational citizenship behavior and

task performance. *Journal of Applied Psychology*, 98, 668 – 677. doi: 10. 1037/ a0031733.

[413] Raush, H. L. (1965). Interaction sequences. *Journal of Personality and Social Psychology*, 2, 487 – 499.

[414] Regts, G., & Molleman, E. (2013). To leave or not to leave: When receiving interpersonal citizenship behavior influences an employee's turnover intention. *Human Relations*, 66, 193 – 218. doi: 10. 1177/0018726712454311.

[415] Rice, R. W., Frone, M. R., & McFarlin, D. B. (1992). Work non work conflict and the perceived quality of life. *Journal of Organizational Behavior*, 13, 155 – 168.

[416] Rich, B. L., LePine, J. A., & Crawford, E. R. (2010). Job engagement: Antecedents and effects on job performance. *Academy of Management Journal*, 53, 617 – 635. doi: 10. 5465/AMJ. 2010. 51468988.

[417] Rich, B. L., Lepine, J. a, & Crawford, E. R. (2010). Job Engagement: Antecedents and effects on job performance. *Academy of Management Journal*, 53, 617 – 635. doi: 10. 5465/amj. 2010. 51468988.

[418] Rioux, S. M., & Penner, L. A. (2001). The causes of organizational citizenship behavior: a motivational analysis. *Journal of Applied Psychology*, 86, 1306 – 1314. doi: 10. 1037/0021 – 9010. 86. 6. 1306.

[419] Rodell, J. B., & Judge, T. A. (2009). Can "good" stressors spark "bad" behaviors? The mediating role of emotions in links of challenge and hindrance stressors with citizenship and counterproductive behaviors. *Journal of Applied Psychology*, 94, 1438 – 1451. doi: 10. 1037/a0016752.

[420] Roditti, M. G. (1997). Child day care: A key building block of family support and family preservation programs. *Child Day Care*, 74, 7 – 32.

[421] Rosenberg, M. (1965). Rosenberg self – esteem scale (RSE). *Acceptance and Commitment Therapy. Measures Package*, 61.

[422] Rubin, R. S., Dierdorff, E. C., & Bachrach, D. G. (2013). Boundaries of Citizenship Behavior: Curvilinearity and Context in the Citizenship and Task Performance Relationship. *Personnel Psychology*, 66, 377 – 406. doi: 10. 1111/peps. 12018.

[423] Russo, M., Guo, L., & Baruch, Y. (2014). Work attitudes, career success and health: Evidence from China. *Journal of Vocational Behavior*, 84, 248 – 258. doi:

10.1016/j.jvb.2014.01.009.

[424] Ryan, R. M., & Deci, E. L. (2000). Self－determination theory and the facilitation of intrinsic motivation, social development, and well－being. *American Psychologist*, 55, 68－78. doi: 10.1037/0003－066X.55.1.68.

[425] Salancik, G. R., & Pfeffer, J. (1978). A social information processing approach to job attitudes and task design. *Administrative Science Quarterly*, 23, 224－253. doi: 10.2307/302397.

[426] Saucier, G. (1994). Mini－markers: A brief version of Goldberg's unipolar Big－Five markers. *Journal of Personality Assessment*, 63, 506－516. doi: 10.1207/s15327752jpa6303_8.

[427] Scarpello, V., & Campbell, J. P. (1983). Job satisfaction: Are all the parts there? *Personnel Psychology*, 36, 577－600.

[428] Schappe, S. P. (1998). The influence of job satisfaction, organizational commitment. *The Journal of Psychology*, 132, 277－290.

[429] Schaufeli, W. B., & Bakker, A. B. (2004). Job demands and job resources and their relationship with burnout and engagement: A multiple－sample study. *Journal of Organizational Behavior*, 25, 293－315. doi: 10.1002/job.248.

[430] Schaufeli, W. B., Bakker, A. B., & Van Rhenen, W. (2009). How changes in job demands and resources predict burnout, work engagement, and sickness absenteeism. *Journal of Organizational Behavior*, 30, 893－917. doi: 10.1002/job.

[431] Schaufeli, W. B., & Enzmann, D. (1998). *The burnout companion to study and practice: a critical analysis*. London: Taylor & Francis.

[432] Schaufeli, W. B., Leiter, M. P., & Maslach, C. (2008). Burnout: 35 years of research and practice. doi: 10.1108/13620430910966406.

[433] Schaufeli, W. B., Leiter, M. P., Maslach, C., & Jackson, S. E. (1996). Maslach burnout inventory－general survey. *Maslach Burnout Inventory－Test Manual*, 22－26.

[434] Schieman, S., & Young, M. (2010). Is there a downside to schedule control for the work－family interface? *Journal of Family Issues*, 31, 1391－1414. doi: 10.1177/0192513X10361866.

[435] Schmeichel, B. J., & Baumeister, R. F. (2004). Self－regulatory strength. In R. F. Baumeister & K. D. Vohs (Eds.), *Handbook of self－regulation: Research, theory, and applications* (xv, pp. 84－98). New York, NY, US: Guilford Press.

［436］Schmitt, N. (2004). Beyond the Big Five: Increases in understanding and practical utility. *Human Performance*, 17, 347 – 357.

［437］Schnake, M., Dumler, M. P., & Cochran, D. S. (1993). The relationship between "traditional" leadership, "super" leadership, and organizational citizenship behavior. *Group & Organization Management*, 18, 352 – 365.

［438］Schor, J. B. (1991). The overworked American: The unexpected decline of leisure. In *The Overworked American: the Unexpected Decline of Leisure*. New York: Basic books.

［439］Schuler, R. S. (1980). Definition and conceptualization of stress in organizations. *Organizational Behavior & Human Performance*, 25, 184 – 215.

［440］Schwab, D. P., & Cummings, L. L. (1970). Theories of Performance and Satisfaction: A Review. *Industrial Relations A Journal of Economy & Society*, 9, 408 – 430.

［441］Sears, R. R. (1941). II. Non – aggressive reactions to frustration. *Psychological Review*, 48, 343 – 346.

［442］Sears, R. R. (1951). A theoretical framework for personality and social behavior. *American Psychologist*, 6, 476 – 482.

［443］Seibert, S. E., Crant, J. M., & Kraimer, M. L. (1999). Proactive personality and career success. *Journal of Applied Psychology*, 84, 416 – 27. doi: 10. 1037/0021 – 9010. 84. 3. 416.

［444］Selye, H. (1974). *Stress Without Distress*. Toronto: McClelland & Stew.

［445］Sharoni, G., Tziner, A., Fein, E. C., Shultz, T., Shaul, K., & Zilberman, L. (2012). Organizational citizenship behavior and turnover intentions: Do organizational culture and justice moderate their relationship? *Journal of Applied Social Psychology*, 42, 267 – 294. doi: 10. 1111/j. 1559 – 1816. 2012. 01015. x.

［446］Shih, C. T., & Chuang, C. (2013). Individual differences, psychological contract breach, and organizational citizenship behavior: A moderated mediation study. *Asia Pacific Journal of Management*, 30, 191 – 210. doi: 10. 1007/s10490 – 012 – 9294 – 8.

［447］Shin, Y. (2012). CEO Ethical Leadership, Ethical Climate, Climate Strength, and Collective Organizational Citizenship Behavior. *Journal of Business Ethics*, 108, 299 – 312. doi: 10. 1007/sl0551 – 01.

［448］Shin, Y. J., & Kelly, K. R. (2015). Resilience and Decision – Making Strategies as Predictors of Career Decision Difficulties. *Career Development Quarterly*, 63, 291 – 305. doi: 10. 1002/cdq. 12029.

[449] Shin, Y., Kim, M. M. S., Choi, J. N., Kim, M. M. S., & Oh, W. - K. (2017). Does Leader - Follower Regulatory Fit Matter? The Role of Regulatory Fit in Followers' Organizational Citizenship Behavior. *Journal of Management*, 43, 1211 - 1233. doi: 10. 1177/0149206314546867.

[450] Shirom, A. (1989). Burnout in work organizations. In C. L. Cooper & I. Robertson (Eds.), *International review of industrial - organizational psychology*. New York: Wiley.

[451] Shrout, P. E., & Fleiss, J. L. (1979). Intraclass correlations: Uses in assessing rater reliability. *Psychological Bulletin*, 86, 420 - 428. doi: 10. 1037/0033 - 2909. 86. 2. 420.

[452] Sieber, S. D. (1974). Toward a theory of role accumulation. *American Sociological Review*, 567 - 578.

[453] Skarlicki, D. P., & Latham, G. P. (1996). Increasing citizenship behavior within a labor union: A test of organizational justice theory. *Journal of Applied Psychology*, 81, 161 - 169. doi: 10. 1037/0021 - 9010. 81. 2. 161.

[454] Small, S. A., & Riley, D. (1990). Toward a Multidimensional Assessment of Work Spillover into Family Life. *Journal of Marriage & Family*, 52, 51 - 61.

[455] Smokowski, P. R., Reynolds, A. J., & Bezruczko, N. (1999). Resilience and Protective Factors in Adolescence: An Autobiographical Perspective From Disadvantaged Youth. *Journal of School Psychology*, 37, 425 - 448.

[456] Spector, P. E. (1985). Measurement of human service staff satisfaction: development of the Job Satisfaction Survey. *American Journal of Community Psychology*, 13, 693 - 713.

[457] Staines, G. L. (1980). Spillover vs compensation: A review of the literature on the relationship between work and nonwork. *Human Relations*, 33, 111 - 129.

[458] Staines, G. L., & Pleck, J. H. (1986). Work Schedule Flexibility and Family Life. *Journal of Organizational Behavior*, 7, 147 - 153.

[459] Staw, B. M., & Ross, J. (1985). Stability in the Midst of Change. A Dispositional Approach to Job Attitudes. *Journal of Applied Psychology*, 70, 469 - 480. doi: 10. 1037/0021 - 9010. 70. 3. 469.

[460] Stephens, G. K., & Sommer, S. M. (1996). The Measurement of Work to Family Conflict. *Educational & Psychological Measurement*, 56, 475 - 486.

[461] Strobel, M., Tumasjan, a., Sporrle, M., & Welpe, I. M. (2013). The future starts today, not tomorrow: How future focus promotes organizational citizenship behaviors. *Human*

Relations, 66, 829 – 856. doi: 10.1177/0018726712470709.

[462] Sun, L. Y., Aryee, S., & Law, K. S. (2007). High – performance human resource practices, citizenship behavior, and organizational performance: a relational perspective. *Academy of Management Journal*, 50, 558 – 577. doi: 10.5465/amj.2007.25525821.

[463] Takeuchi, R., Bolino, M. C., & Lin, C. (2015). Too many motives? The interactive effects of multiple motives on organizational citizenship behavior. *Journal of Applied Psychology*, 100, 1239 – 1248. doi: 10.1037/apl0000001.

[464] Taris, T. W., Schaufeli, W. B., & Verhoeven, L. C. (2005). Workaholism in the Netherlands: Measurement and Implications for Job Strain and Work – Nonwork Conflict. *Applied Psychology*, 54, 37 – 60.

[465] Taris, T. W., Ybema, J. F., Beckers, D. G. J., Verheijden, M. W., Geurts, S. A. E., & Kompier, M. A. J. (2011). Investigating the associations among overtime work, health behaviors, and health: A longitudinal study among full – time employees. *International Journal of Behavioral Medicine*, 18, 352 – 360. doi: 10.1007/s12529 – 010 – 9103 – z.

[466] ten Brummelhuis, L. L., & Bakker, A. B. (2012). A resource perspective on the work – home interface: the work – home resources model. *American Psychologist*, 67, 545 – 556.

[467] Tepper, B. J., Duffy, M. K., Hoobler, J. M., & Ensley, M. D. (2004). Moderators of the relationships between coworkers' organizational citizenship behavior and fellow employees' attitudes. *Journal of Applied Psychology*, 89, 455 – 465. doi: 10.1037/0021 – 9010.89.3.455.

[468] Thomas, L. T., & Ganster, D. C. (1995). Impact of family – supportive work variables on work – family conflict and strain: A control perspective. *Journal of Applied Psychology*, 80, 6 – 15.

[469] Trougakos, J. P., Beal, D. J., Cheng, B. H., Hideg, I., Zweig, D., Beal, D. J., ... Zweig, D. (2015). Too drained to help: A resource depletion perspective on daily interpersonal citizenship behaviors. *Journal of Applied Psychology*, 100, 227 – 236. doi: http://dx.doi.org/10.1037/a0038082.

[470] US Census Bureau. (2001). Statistical abstract of the United States: 2001. Washington, DC.

[471] Van den Broeck, A., Vansteenkiste, M., De Witte, H., & Lens, W. (2008). Explaining the relationships between job characteristics, burnout, and engagement: The role of basic psychological need satisfaction. *Work & Stress*, 22, 277 – 294. doi: 10.1080/02678370802393672.

[472] Van der Doef, M., & Maes, S. (1999). The job demand – control (– support) model

and psychological well‐being: A review of 20 years of empirical research. *Work & Stress*, 13, 87 – 114. doi: 10. 1080/026783799296084.

[473] Van der Hulst, M. (2003). Long work hours and health. *Scandinavian Journal of Work, Environment & Health*, 29, 171 – 188.

[474] van der Hulst, M., & Geurts, S. (2001). Associations between overtime and psychological health in high and low reward jobs. *Work & Stress*, 15, 227 – 240. doi: 10. 1080/026783701110. 1080/02678370110066580.

[475] Van Der Vegt, G. S., Van de Vliert, E., & Oosterhof, A. (2003). Informational Dissimilarity and Organizational Citizenship Behavior: the Role of Intrateam and Team Identification. *Academy of Management Journal*, 46, 715 – 727. doi: 10. 2307/30040663.

[476] Van Dyne, L., & Ang, S. (1998). Organizational Citizenship Behavior of Contingent Workers in Singapore. *Academy of Management Journal*, 41, 692 – 703. doi: 10. 2307/256965.

[477] Van Dyne, L., Graham, J. W., & Dienesch, R. M. (1994). Organizational Citizenship Behavior: Construct Redefinition, Measurement, and Validation. *Academy of Management Journal*, 37, 765 – 802. doi: 10. 2307/256600.

[478] Van Horn, M. L., Bellis, J. M., & Snyder, S. W. (2001). Family resource scale‐revised: Psychometrics and validation of a measure of family resources in a sample of low‐income families. *Journal of Psychoeducational Assessment*, 19, 54 – 68.

[479] Vigoda‐Gadot, E., & Angert, L. (2007). Goal Setting Theory, Job Feedback, and OCB: Lessons From a Longitudinal Study. *Basic and Applied Social Psychology*, 29, 119 – 128. doi: 10. 1080/01973530701331536.

[480] Voydanoff, P. (1988). Work and family: A review and expanded conceptualization. *Journal of Social Behavior & Personality*, 3, 1 – 22.

[481] Vroom, V. H. (1960). Some personality determinants of the effects of participation. *Journal of Abnormal & Social Psychology*, 59, 322 – 327.

[482] Wagner, S. L., & Rush, M. C. (2000). Altruistic organizational citizenship behavior: context, disposition, and age. *Journal of Social Psychology*, 140, 379 – 391. doi: 10. 1080/00224540009600478.

[483] Walumbwa, F. O., Hartnell, C., & Oke, A. (2010). Servant leadership, procedural justice climate, service climate, employee attitudes, and organizational citizenship behav-

ior: a cross-level investigation. *Journal of Applied Psychology*, 95, 517-529.

[484] Walumbwa, F. O., Wu, C., & Orwa, B. (2008). Contingent reward transactional leadership, work attitudes, and organizational citizenship behavior: The role of procedural justice climate perceptions and strength. *Leadership Quarterly*, 19, 251-265. doi: 10.1016/j.leaqua.2008.03.004.

[485] Wang, H., Law, K. S., Hackett, R. D., Wang, D., & Chen, Z. X. (2005). Leader-member exchange as a mediator of the relationship between transformational leadership and followers' performance and organizational citizenship behavior. *Academy of Management Journal*, 48, 420-432. doi: 10.5465/AMJ.2005.17407908.

[486] Wang, Q., & Bowling, N. A. (2010). A comparison of work-specific and general personality measures as predictors of work and non-work criteria. *Personality and Individual Differences*, 49, 95-101. doi: 10.1016/j.paid.2010.03.009.

[487] Wanous, J. P., Reichers, A. E., & Hudy, M. J. (1997). Overall job satisfaction: How good are single-item measures? *Journal of Applied Psychology*, 82, 247-252. doi: 10.1037/0021-9010.82.2.247.

[488] Wayne, J. H., Musisca, N., & Fleeson, W. (2004). Considering the role of personality in the work-family experience: Relationships of the big five to work-family conflict and facilitation. *Journal of Vocational Behavior*, 64, 108-130. doi: 10.1016/S0001-8791(03)00035-6.

[489] Wei, X., Qu, H., & Ma, E. (2012). Decisive mechanism of organizational citizenship behavior in the hotel industry - An application of economic game theory. *International Journal of Hospitality Management*, 31, 1244-1253. doi: 10.1016/j.ijhm.2012.03.004.

[490] Weitz, J. (1970). Psychological research needs on the problems of human stress. In J. McGrath (Ed.), *Social and Psychological Factors in Stress*. New York: Holt Rinehart & Winston.

[491] Wheeler, A. R., Halbesleben, J. R. B., & Whitman, M. V. (2013). The interactive effects of abusive supervision and entitlement on emotional exhaustion and co-worker abuse. *Journal of Occupational and Organizational Psychology*, 86, 477-496. doi: 10.1111/joop.12034.

[492] Williams, L. J., & Anderson, S. E. (1991). Job satisfaction and organizational commitment as predictors of organizational citizenship and in-role behaviors. *Journal of Manage-

ment, 17, 601 – 617.

[493] Williams, S., Pitre, R., & Zainuba, M. (2002). Justice and organizational citizenship behavior intentions: Fair rewards versus fair treatment. *Journal of Social Psychology*, 142, 33 – 44. doi: 10. 1080/00224540209603883.

[494] Williams, S., & Shiaw, W. T. (1999). Mood and organizational citizenship behavior: The effects of positive affect on employee organizational citizenship behavior intentions. *The Journal of Psychology*, 133, 656 – 68. doi: 10. 1080/00223989909599771.

[495] Witt, L. A., Andrews, M. C., & Carlson, D. S. (2004). When conscientiousness isn't enough: Emotional exhaustion and performance among call center customer service representatives. *Journal of Management*, 30, 149 – 160. doi: 10. 1016/j. jm. 2003. 01. 007.

[496] Wong, A., Tjosvold, D., & Liu, C. (2009). Cross – functional team organizational citizenship behavior in China: Shared vision and goal interdependence among departments. *Journal of Applied Social Psychology*, 39, 2879 – 2909. doi: 10. 1111/j. 1559 – 1816. 2009. 00554. x.

[497] Wood, A. M., Maltby, J., Gillett, R., Linley, P. A., & Joseph, S. (2008). The role of gratitude in the development of social support, stress, and depression: Two longitudinal studies. *Journal of Research in Personality*, 42, 854 – 871. doi: 10. 1016/j. jrp. 2007. 11. 003.

[498] Wood, R., & Bandura, A. (1989). Social cognitive theory of organizational management. *Academy of Management Review*, 14, 361 – 384.

[499] Wright, T. A., & Cropanzano, R. (1998). Emotional exhaustion as a predictor of job performance and voluntary turnover. *Journal of Applied Psychology*, 83, 486 – 493. doi: 10. 1037/0021 – 9010. 83. 3. 486.

[500] Wu, T. – Y., & Hu, C. (2009). Abusive supervision and employee emotional exhaustion: Dispositional antecedents and boundaries. *Group & Organization Management*, 34, 143 – 169. doi: 10. 1177/1059601108331217.

[501] Xu, E., Huang, X., Lam, C. K., & Miao, Q. (2012). Abusive supervision and work behaviors: The mediating role of LMX. *Journal of Organizational Behavior*, 33, 531 – 543. doi: 10. 1002/job. 768.

[502] Yam, K. C., Klotz, A. C., He, W., & Reynolds, S. J. (2017). From good soldiers to psychologically entitled: Examining when and why citizenship behavior leads to devi-

ance. *Academy of Management Journal*, 60, 373 – 396. doi: 10. 5465/amj. 2014. 0234.

[503] Yang, L. - Q., Simon, L. S., Wang, L., & Zheng, X. (2016). To branch out or stay focused? Affective shifts differentially predict organizational citizenship behavior and task performance. *Journal of Applied Psychology*, 101, 831 – 845. doi: 10. 1037/apl0000088.

[504] Yu, K., Lin, W., Wang, L., Ma, J., Wei, W., Wang, H., … Shi, J. (2016). The role of affective commitment and future work self salience in the abusive supervision – job performance relationship. *Journal of Occupational and Organizational Psychology*, 89, 28 – 45. doi: 10. 1111/joop. 12101.

[505] Zedeck, S. (Ed.). (1992). *Work, families, and organizations*. San Francisco, CA: Jossey – Bass.

[506] Zedeck, S., & Mosier, K. L. (1990). Work in the family and employing organization. *American Psychologist*, 45, 240 – 251.

[507] Zellars, K. L., Tepper, B. J., & Duffy, M. K. (2002). Abusive supervision and subordinates' organizational citizenship behavior. *Journal of Applied Psychology*, 87, 1068 – 1076. doi: 10. 1037/0021 – 9010. 87. 6. 1068.

[508] Zhao, H., Peng, Z., Han, Y., Sheard, G., & Hudson, A. (2013). Psychological mechanism linking abusive supervision and compulsory citizenship behavior: A moderated mediation study. *Journal of Psychology: Interdisciplinary and Applied*, 147, 177 – 195. doi: 10. 1080/00223980. 2012. 680522.

[509] Ziegler, R., Schlett, C., Casel, K., & Diehl, M. (2012). The role of job satisfaction, job ambivalence, and emotions at work in predicting organizational citizenship behavior. *Journal of Personnel Psychology*, 11, 176 – 190. doi: 10. 1027/1866 – 5888/a000071.